Edda Meyer-Berkhout

# Richtig Kühlen, Gefrieren und Auftauen

Mit Tips und über 90 Rezepten



Buchendorfer Verlag

## Abkürzungen:

EL = Eßlöffel
TL = Teelöffel
Pr. = Prise
TK = Tiefkühlkost
Die Mengen im Rezeptteil wurden für 4 Personen berechnet.
Die Temperaturen gelten für konventionelle Backöfen, für Heißluftherde müssen Sie 20° C weniger einstellen bei gleicher Backzeit.
Die Backzeiten gelten für vorgeheizte Backöfen.

## Bildnachweis:

Kopp, Fotografie & Styling, Füssen: 10, 54, 94-3, 113-3, 114-1, 124-2 und alle 2seitigen Abb. 6–93.

Bayer. Milchunion, München: 94-1, 95-2, 96-3, 99-1, 100-2, 101-1+2, 102-3, 103-1+3, 109-3, 112-2, 113-1, 115-2, 117-3, 118-3, 121-2.

Büro für Kommunikation, Bonn: 123-3.

Komplettbüro, München: 95-1, 99-2+3, 100-3, 101-3, 102-1, 104, 105-1, 107-1, 111-1+3, 112-1, 113-2, 114-2, 115-1+3, 117-2, 118-2, 119-1, 124-1.

Langnese-Iglo, Hamburg: 96-1+2, 103-2, 106-2+3, 107-2, 108, 102-1, 111-2, 117-1, 119-2+3, 120, 122, 123-2, 124-3, 125-1+2

Pressestelle Molkerei Alois Müller GmbH & Co., Aretsried: 95-3, 97-3, 98-3, 105-2+3, 110-2.

Panasonic, Hamburg: 97-1, 123-1.

Alfke/Mayer, Krailling: 97-2, 98-2, 100-1, 102-2, 107-3, 110-1+3, 112-3, 114-3, 116, 118-1, 121-1+3, 125-3.

Liebherr-Hausgeräte GmbH, Ochsenhausen: Umschlag, 4/5, 12, 14, 16, 54.

Die Deutsche Bibliothek – CIP-Einheitsaufnahme
Richtig kühlen, gefrieren und auftauen: mit Tips und über 90 Rezepten / Edda Meyer-Berkhout. – München: Buchendorfer Verl., 1993
ISBN 3-927984-23-X
NE: Meyer-Berkhout, Edda

2., aktualisierte Auflage 1994



Buchendorfer Verlag, München 1993

Produktion: Tillmann Roeder
Satz: Uhl+Massopust, Aalen
Lithos: Longo, Frangart
Druck und Bindung: Appl, Wemding
Printed in Germany

ISBN 3-927984-23-X

# Inhalt

Sauer
Rahm
Valensina

8
7
6
5
4
3
2
1

# Die wahre Geschichte von den traurigen und glücklichen Radieschen

**Radieschen** haben stolze Namen: Delikat, Pernot, Riesenbutter und Signal, aber auch Parat und Champion.

In kleinen Tütchen mit verführerisch bunten Bildchen werden sie uns 5- oder 25-g-weise verkauft. Jedes der kleinen Tütchen enthält rund 500 kugelrunde rotbraune verheißungsvolle Samenkörner.

Sorgfältig werden sie von Gärtnern ab Mitte März etwa 1 cm tief ausgesät. Selbst in großen Blumentöpfen auf dem Balkon gedeihen sie, und in Treibhäusern ist ihre Zucht ganzjährig möglich. Bei gleichmäßiger Feuchtigkeit und der idealen Temperatur von 16° C zeigen sich schon binnen einer Woche die ersten Keimblättchen. Dank lockeren, altgedüngten Bodens, guter Befeuchtung und der dann günstigsten Wachstumstemperatur von rund 12° C können schon nach 21 Tagen die ersten roten Knollen geerntet werden. Aus nur 10 g Samen haben sich auf einer Fläche von 5 qm inzwischen rund 1000 Radieschen, insgesamt etwa 12 kg, entwickelt! Das reicht für mindestens 60 Bund. Trotz täglicher Arbeit ein einträgliches Geschäft für den fleißigen Gärtner.

Zum richtigen Zeitpunkt werden die roten Knollen gezogen, gewaschen, sortiert und gebündelt. Der Großerzeuger sorgt dafür, daß die Ware so schnell wie möglich, in Kisten verpackt, in Brummis geladen und über Nacht zum Großmarkt gebracht wird. Während der ersten Morgenstunden werden unsere knackig frischen Radieschen ausgeladen, angeboten und gleich an die Einzelhändler verkauft.

Herr Nutzlos stellt die Steige vor sein Geschäft auf den Gehweg, vergißt dabei den schützenden Sonnenschirm und auch die Abgase der vorbeiflitzenden Autos. Er will den Kunden zeigen, was er hat.

Am Abend kauft Herr Traurig die beiden letzten Bunde, steckt außerdem noch eine große Packung mit Tiefkühlgemüse in die Einkaufstasche und eilt nach Hause. Das Pantoffelkino wartet. Darum wird die Tüte zunächst sorglos in der Küche abgestellt, gleich neben der Zentralheizung. Nach einiger Zeit besinnt sich Herr Traurig seiner Einkäufe, nimmt einen Bund welker Radieschen heraus und legt sie achtlos auf den Küchentisch. Den übrigen Tüteninhalt gibt er ins Gefrierfach.
Am nächsten Tag schmecken die verschrumpelten Radieschen vom Küchentisch natürlich gar nicht mehr. Und die im Gefrierfach gelagerten Radieschen sind weiß und glasig, also ungenießbar.

Frau Glücklich kauft ihre Radieschen in einem modern ausgestatteten Geschäft, wo sie bei angenehm kühlen Temperaturen appetitlich ausgestellt waren. Sowie sie zuhause ist, entfernt sie das Laub. Die Radieschen werden rasch gewaschen.
Einen Teil gibt sie mit dem anhaftenden Tropfwasser und einem Stück Küchenkrepp in ein großes Schraubglas und stellt das in den Kühlschrank. Das zweite Bund wird nach dem Waschen leicht getrocknet und in einer Schale im praktischen LIEBHERR-Biofresh-Fach des Kühlschranks verstaut. Frau Glücklich kauft umsichtig ein und lagert ihre Vorräte richtig.
Nicht nur Frau Glücklich hat Spaß daran, wenn sie die nächsten zwei Wochen die Aufschnittplatten hübsch mit vitaminreichen, knackigen Radieschen garnieren kann. Alle Familienmitglieder freuen sich, denn bei Frau Glücklich schmeckt es immer gut und dank ihrer vorbildlichen Vorratshaltung sind sie alle gesund und zufrieden.

# Praktische und gesunde Vorratshaltung

Unsere gegenwärtige, veränderte Lebensweise und Wohnraumsituation bewirken ein neues Einkaufsverhalten und gleichzeitig eine Veränderung der traditionellen Bevorratung von Lebensmitteln. Sorgten in früheren Jahrhunderten während des Sommers alle Familienmitglieder vor, damit sie im Winter genügend zu essen hatten, so sind heute die Zeiträume für die Lagerung wesentlich kürzer. Wir planen nur noch für Tage, Wochen oder Monate. Das Bewußtsein für Verderb ist gestärkt. Jeden Tag wird uns durch aufgedruckte Verfallsdaten die kürzere oder längere Haltbarkeit von Lebensmitteln vor Augen geführt.

Aber selbst die besten Bedingungen machen ein altes oder sogar verdorbenes Lebensmittel nicht wieder frisch und knackig.

*Die Haltbarkeit unserer Lebensmittel hängt stets von ihrer Frische am Tag des Einkaufs und den Lagerbedingungen bei uns ab.*

Niemand wird tagtäglich in verschiedenen Geschäften nur den Bedarf für einen einzigen Tag einkaufen. Jeder von uns hat Vorräte. Und das bereitet uns Freude. Den gleichen Stolz, mit dem unsere Mütter die Regale mit Eingemachtem vorführten, empfinden wir, wenn wir einen wohlgefüllten Kühlschrank, das gut beschickte Gefriergerät oder unseren verführerischen Weinschrank betrachten.

Neben diesem wohltuenden Eichhörnchengefühl haben ausreichende Vorräte noch einen weiteren positiven Effekt: Wir gehen nicht nur viel seltener einkaufen und sparen dadurch Zeit, sondern tun dies auch viel ökonomischer. Großpackungen sind im allgemeinen preiswerter. Große Märkte und Einkaufszentren bieten dazu eine viel größere Auswahl, als es kleine Läden jemals vermochten. Das verbessert natürlich unsere Lebensqualität. Das Sortiment unserer Speisen wird erweitert. Dadurch sind Mangelerscheinungen seltener. Unser Körper wird durch die größere Vielfalt besser mit allen notwendigen Nährstoffen, Mineralien und Vitaminen versorgt. Geplante und auch unvorhergesehene lukullische Bewirtungen für Gäste – selbst für den größeren Kreis – sind für uns heute problemlos. Kochen und Essen machen durch die größere Auswahl mehr Spaß.

Dieses Buch möchte Ihnen beim richtigen Umgang mit Ihren Vorräten eine praktische Hilfe sein. Neben der traditionellen Lagerung im Speiseschrank oder der Speisekammer bieten wir die Vorteile von

**Kühlschrank,**

**Biofresh-Fach,**

**Gefriergerät** als
**Fach,**
**Schrank** oder
**Truhe** und

**Weintemperierschränken** sowie

**Weinklimaschränken.**

Durch sachgemäße Aufbewahrung bleibt der **gesundheitliche Wert** Ihrer Nahrungsmittel erhalten. Im Kühlschrank und noch mehr im feuchten LIEBHERR-Biofresh-Fach wird der Vitaminabbau von Obst und Gemüse erheblich verzögert. Fleisch reift problemlos im LIEBHERR-Biofresh-Fach.

Wissenschaftliche Untersuchungen ergaben, daß der Vitaminverlust gefrorener Lebensmittel oft sehr viel geringer ist als der von sogenannter Frischware. Die Industrie stimmt Ernte- und Tiefkühlzeiten so aufeinander ab, daß die Ware innerhalb von Stunden auf – 21° C herabgekühlt wird. Bei selbsteingekochtem Gemüse können gefährliche Mikrokeime überleben.
Salat, der bei normaler Raumtemperatur schon nach 24 Stunden welk wird, hält sich im normalen Kühlschrank 2–3 Tage. Im LIEBHERR-Biofresh-Fach ist er – sortenabhängig – 14 Tage später noch fast so frisch wie beim Kauf. Erbsen oder Himbeeren genießen wir dank der Gefriergeräte auch im Winter. Knackig frische Brötchen am Sonntagmorgen sind für uns heute ebenso selbstverständlich wie ein gut gekühltes Bier oder ein wohltemperierter Wein aus unserem LIEBHERR-Kühl- oder Weintemperierschrank.

# Vorräte kaufen und aufheben

Viele Lebensmittel halten sich bei normalen Temperaturen über einen längeren Zeitraum im **Speiseschrank** unserer Küche. Trotzdem gibt es nur sehr wenige Lebensmittel, die so gut wie nie verderben: ungebrannter Kaffee, vorschriftsmäßig verpackter schwarzer Tee oder Zucker sind dafür Beispiele. Die meisten Lebensmittel verderben früher oder später. Die Lieferanten sind gesetzlich verpflichtet, uns die garantierte Haltbarkeit bei entsprechenden Lagerbedingungen auf den Verpackungen unserer Lebensmittel zu vermerken.

Daß frisch eingekaufte Ware bei uns zu Hause stets in der hinteren Region unseres Vorratsschranks plaziert wird, damit der ältere Bestand zuerst verbraucht wird, sollte allen geläufig sein. Der Inhalt von Zucker- und Mehltüten wird meistens in gut verschließbare Behälter umgefüllt. Dagegen werden beispielsweise Stärke, Grieß, Reis und Kakao schon in so praktischen Verpakkungen mit Schüttnasen verkauft, daß wir diese Waren gar nicht erst umfüllen müssen.

*Ein bewährter Tip:*
*Beim turnusmäßigen Säubern des Schranks sollten Sie den Inhalt revidieren und dabei gleichzeitig das Mindesthaltbarkeitsdatum mit einem dicken Fett- oder Filzstift leicht sichtbar auf die Verpakkungen schreiben.*

Die Kühlhaltebox von LIEBHERR ist ein praktischer Begleiter für Einkauf, Freizeit und Reise. Mit ihrem Inhalt von 30 l hat die »KHB« ein optimales Fassungsvermögen.

Zum Transport empfindlicher Lebensmittel – das kann sowohl beim Einkauf, beim Picknick- oder Grillausflug oder während der Urlaubsreise der Fall sein – ist die praktische LIEBHERR-Kühlhaltebox unschlagbar. Bei Gefrierkost können Sie die Tiefkühlkette nur durch isolierende Verpackung während des Transports von der Einkaufsquelle bis zum häuslichen Gefriergerät erhalten. Die 30 Liter fassende Box wird durch einen passend großen Kälteakku langfristig kühl gehalten. Nach Gebrauch legen Sie den Kälteakku wieder ins Gefriergerät. Dort trägt er mit dazu bei, daß bei Stromausfall die Ware langfristig die niedrige Temperatur behält. Die Kältespeicherfähigkeit bei LIEBHERR-Kälteakkus ist groß und nützlich sind sie allemal.

Für die langfristige Lagerung Ihrer Weinvorräte bewähren sich die geschickt konstruierten LIEBHERR-Weinklimaschränke. Mehr als 100 Flaschen können bei einer vom Besitzer bestimmten Temperatur zwischen + 5° C und + 18° C bei zugfreier Luftzirkulation und einer Luftfeuchtigkeit von 70–80 % zu unübertreffbaren Bedingungen gelagert werden. Über zwei Aktivkohlefilter wird dabei ständig Frischluft genau dosiert zugeführt, wohingegen eventuelle Geruchsstoffe laufend abgeführt werden. Eine speziell für die Geräte entwickelte Lagerung des Kühlaggregats sorgt für ruhiges Liegen der Flaschen.

Außerdem hat LIEBHERR Weintemperierschränke, in deren unterschiedlichen Zonen die für jede Weinsorte erforderliche Temperatur herrscht. Dabei ist es möglich, das mittlere und untere Drittel für die langfristige Weinlagerung gesondert zu verwenden. Ein echter Weinkenner wird diese Vorteile der Belüftung und langen Lagerfähigkeit nutzen.

Kühle **Keller** werden immer seltener. Günstige Bedingungen herrschen in stets leicht feuchten und wohltemperierten Erdkellern, doch die Freude wird durch den Schmutz beeinträchtigt. Die meisten unserer Keller sind nicht nur zu warm, sondern auch noch zu trocken. Konserven schadet die Trockenheit nicht, wohl aber die Wärme. Für Kartoffeln und Äpfel sind Wärme und Trockenheit Gift.

Geringere Mengen dieser Waren geben wir – soweit sie nicht ohnehin Platz im Kühlgerät der Küche finden – in einen großen **Steintopf**. Der sollte allerdings mit einem Teller abgedeckt werden, denn Licht läßt das Gemüse keimen. Für Möhren, Rote Bete oder Ingwer kann der Topf mit leicht feuchtem Sand oder angefeuchtetem Torf aufgefüllt werden, damit das Gemüse nicht so schnell austrocknet. Ideal ist diese Art der Aufbewahrung allerdings nicht, denn jedesmal, wenn Sie Gemüse daraus entnehmen, müssen Sie nachher den Schmutz mühsam aufkehren.

# Kühlschränke

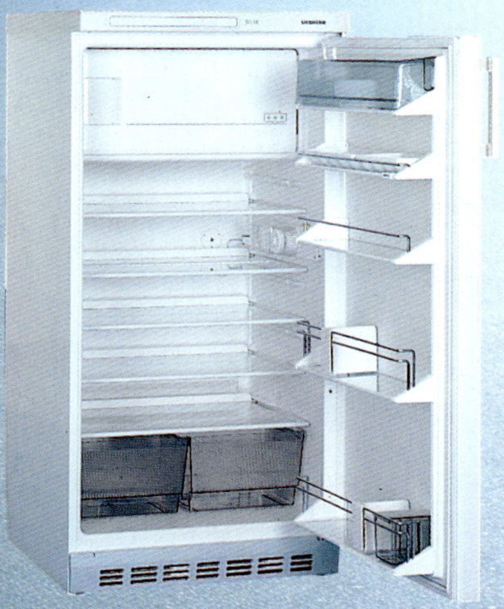

Im Kühlschrank herrschen unterschiedliche Temperaturen. Packen Sie darum nicht wahllos alles dort hinein, wo gerade Platz ist. Bei überlegter Wahl behalten die Vorräte länger ihre Frische. Was Sie vielleicht nicht wissen:
Am kältesten ist es im Kühlschrank direkt über den Gemüseschalen. Hier unten also bewahren Sie alle empfindlichen Lebensmittel, wie Geflügel, Fisch, Fleisch und Wurst auf.
Ganz oben ist der richtige Platz für Sahnetorten, fertige Gerichte und beispielsweise Kompott.
Dazwischen stellen Sie Milch und Molkereiprodukte.
In den Gemüseschalen ist der beste Platz für alle Land- und Gartenprodukte.
Weil in der Kühlschranktür eine verhältnismäßig gleichbleibende Temperatur herrscht, plazieren Sie hier Butter, Dressings, Getränke, Käse, Tuben und natürlich Eier.

Dank modernster Kältetechnik werden alle Kühlgeräte von LIEBHERR seit April 1993 umweltschonend **ohne FCKW** gefertigt. Sowohl das Material für die Isolierung als auch das Mittel für den Kältekreislauf sind frei von FCKW:

Für die Schäumung in der Isolierung wird **Pentan**, ein umweltneutraler Kohlenwasserstoff verwendet.
Als Kältemittel wird verstärkt und vorzugsweise Isobutan, ein reiner Kohlenwasserstoff, eingesetzt.
Dieses Naturgas ist frei von umweltbelastenden Stoffen und kann der Erdatmosphäre nicht schaden.
Das FCKW-freie »R 134 a« wird als Übergangslösung betrachtet. LIEBHERR, legt Wert auf die Feststellung, als erster Hersteller mit diesem Kältemittel alle Kühl- und Gefriergeräte FCKW-frei, bereits 1993, auf den Markt gebracht zu haben!

Aber wie arbeitet nun ein Kühlschrank? Durch das Verdampferfach oder den Rückwandverdampfer wird im gesamten Innenraum des Kühl- oder Gefriergerätes die warme Luft abgekühlt. Das Kühlaggregat, Kompressor genannt, arbeitet in Intervallen. Während der Ruhepausen des Kompressors erfolgt eine geringe Erwärmung der Innenraumtemperatur. Dies hat zur Folge, daß sich Wassertropfen am Verdampfer bilden. Sie werden über ein Ablaufsystem gesammelt und über dem Kompressor, der während des Laufens Wärme erzeugt, zum Verdunsten gebracht.

Je wärmer die Speisen sind, wenn sie in den Kühlschrank gestellt werden, umso mehr Energie ist zur Abkühlung nötig. Darum gilt:

*Stets die Speisen nach dem Kochen auf Küchentemperatur abkühlen lassen und erst dann in den Kühlschrank stellen.*

Da im Kühlschrank verschiedene Temperaturen herrschen, müssen die Lebensmittel an den entsprechenden Plätzen gemäß der Abbildung auf Seite 12 untergebracht werden.
**Fertige Salate**, rohes **Fleisch** und andere **Speisen** geben Sie in Schüsseln, Gläser oder Kunststoffgefäße, die mit einem Teller oder Deckel abgedeckt oder mit Frischhaltefolie fast luftdicht abgeschlossen werden.
**Wurst** und **Käse** heben Sie am besten im Verkaufspapier eingepackt, aber sortenweise voneinander getrennt, in je einer Frischhaltebox auf.
**Milch, Sahne** und dergleichen sollten mit einem Deckel oder Gefrierclip verschlossen werden, weil sie leicht Geschmack annehmen. Nach Möglichkeit in der Tür aufheben.
**Obst** und **Gemüse** finden getrennt voneinander im Gemüsefach Platz, da reifendes Obst Äthylengas ausströmt, das den Verderb von Gemüse fördert. Die Kunststoffbeutel sollten gelocht sein, Frischhaltefolie eventuell einige Male durchstoßen. Wassertropfen auf der unteren Seite der Abdeckplatte entstehen durch die Feuchtigkeit, die Obst und Gemüse abgeben, und werden nicht entfernt. Wenn Sie ein Stück Küchenkrepp passender Größe unten in das Gemüse- oder Obstfach legen, reguliert sich die Feuchtigkeit noch besser und die Reinigung ist leichter.
Geputzten **Blattsalat**, vorbereitete **Kräuter** und **Radieschen** geben Sie am besten mit einem Stück feuchtem Küchenkrepp in einen verschließbaren Kunststoffbeutel oder in ein Glas.

Die Verdampferfächer sind nur für die vorübergehende Einlagerung von Gefrierkost und die Herstellung von Eiswürfeln geeignet.

* = − 6° C für 1–3 Tage
*** = − 18° C für 2–3 Monate
je nach Gefriergut

Nur Fächer, die mindestens − 18° C kalt sind, eignen sich zum Selbstgefrieren. Lesen Sie darüber auf den folgenden Seiten.

Trotz automatischer Abtauvorrichtung müssen Kühlschränke regelmäßig mit einer neutralen Spülmittellösung **gereinigt**, dann mit Essigwasser ausgewischt werden. Säubern Sie auch das Abflußloch in der hinteren Rückwand, in dem sich oft Schimmel ansetzt, mit einem feuchten Wattestäbchen. Dann müssen Sie den Kühlschrank sorgfältig trockenreiben. Beim Einräumen können Sie gleichzeitig Ihre Vorräte überprüfen.
Vor langen Urlaubsreisen den Kühlschrank entleeren, ausschalten, säubern und offen stehen lassen.

# Das Liebherr Biofresh-Fach

Das LIEBHERR-Biofresh-Fach ist die ideale Ergänzung zum Kühlschrank für die mittelfristige Lagerung. Diese neue Art des Frischhaltens mit oder ohne Luftfeuchtigkeit ermöglicht es Ihnen, ein noch größeres Sortiment frischer Waren im Hause zu haben. Je größer die Auswahl ist, umso problemloser, phantasievoller und auch schneller können Sie dadurch kochen.

Die Obst-, Gemüse-, Fisch- und Fleischtransporteure und -händler und viele Restaurants machen es uns bereits seit vielen Jahren vor.

Das System ist einfach:

*Empfindliche Lebensmittel lagern wir im idealen Temperaturbereich zwischen 0° C und +2° C. Außerdem wird für die unterschiedlich hohe Feuchtigkeit gesorgt.*

Bis zu 40 % **Luftfeuchtigkeit** sind richtig für Fleisch, Frischfisch, Muscheln und Krustentiere, Butter, Käse, Trockenobst, Mandeln und Nüsse. Allerdings: Muscheln und Krustentiere müssen bei Einlagerung fangfrisch sein, sonst raten wir von der Bevorratung ab!

Bis zu 90 % **Luftfeuchtigkeit** halten Obst und Gemüse gartenfrisch. Dagegen halten sich tropische Früchte, dazu Melonen, Zitrusfrüchte und Auberginen, Bohnen, Gurken, Paprika, Tomaten und Zucchini besser bei Raumtemperatur oder im Kühlschrank. Leicht zu merken, denn es sind fast alles Fruchtgemüse.

Sie können sowohl trockenes als auch feuchtes Klima einstellen.

Geben Sie die Lebensmittel leicht verpackt und sortenweise – damit sie sich nicht gegenseitig geschmacklich beeinflussen – in die Fächer und wählen Sie mit dem Schieber die gewünschte Feuchtigkeit.

*Der Erfolg ist absolut verblüffend.*

# ÜBERSICHT: Lagerzeiten im LIEBHERR-Biofresh-Fach

| Lebensmittel | Lagerzeit in Tagen | Feuchtigkeit 40% | Feuchtigkeit 90% |
|---|---|---|---|
| Aprikosen | bis 14 | | * |
| Artischocken | bis 21 | | * |
| Auberginen | Kühlschrank | | |
| Avocados | Kühlschrank | | |
| Bananen | Küche | | |
| Birnen | bis 120 | | * |
| Blumenk., Brokkoli | bis 14 | | * |
| Bohnen | Kühlschrank | | |
| Brombeeren | bis 7 | | * |
| Butter, Margarine | bis 28 | * | |
| Chicorée | bis 28 | | * |
| Chinakohl | bis 14 | | * |
| Erbsen | bis 10 | | * |
| Erdbeeren | bis 5 | | * |
| Fenchel | bis 21 | | * |
| Fisch, frisch | bis 3 | * | |
| Geflügel | bis 5 | * | |
| Gurken | Kühlschrank | | |
| Hackfleisch | **Sofortverbrauch!** | | |
| Hammel-, Lammfleisch | bis 7 | * | |
| Heidelb., Holunder | bis 21 | | * |
| Himbeeren | bis 4 | | * |
| Ingwer | bis 120 | | * |
| Johannisbeeren | bis 21 | | * |
| Kalbfleisch | bis 10 | * | |
| Käse | bis 28 | * | |
| Kirschen | bis 14 | | * |
| Kiwis | bis 150 | | * |
| Kohlrabi | bis 14 | | * |
| Kräuter | bis 28 | | * |
| Kresse | bis 7 | | * |
| Lauch | bis 60 | | * |
| Mais, -kolben | bis 21 | | * |
| Mandeln, Nüsse | bis 300 | * | |
| Meerrettich | bis 300 | | * |
| Melonen | Kühlschrank | | |
| Möhren | bis 150 | | * |
| Muscheln, Scampi | **Sofortverbrauch!** | | |
| Paprika | Kühlschrank | | |
| Pfirsiche, Nektar. | bis 14 | | * |
| Pflaumen, Reineclauden | bis 21 | | * |
| Pilze | bis 7 | | * |
| Radieschen, Rett. | bis 14 entlaubt | * | |
| Rhabarber | bis 21 | | * |
| Rindfleisch | bis 7 | | * |
| Rosenkohl | bis 30 | | * |
| Rote Bete, roh | bis 120 | | * |
| Rotkohl | bis 180 | | * |
| Salate, grüne | bis 20 | | * |
| Schwarzwurzeln | bis 120 | | * |
| Schweinefleisch | bis 5 | * | |
| Sellerie | bis 150 | | * |
| Spargel | bis 7 | | * |
| Spinat, Mangold | bis 14 | | * |
| Stachelbeeren | bis 21 | | * |
| Staudensellerie | bis 28 | | * |
| Tomaten, unreif | reifen in Küche | | |
| Tomaten, reif | Kühlschrank | | |
| Tropisches Obst | Kühlschrank | | |
| Weintrauben | bis 60 | | * |
| Weiße Rüben | bis 150 | | |
| Weißkohl | bis 180 | | * |
| Wild | bis 7 | | * |
| Wurst, Schinken | bis 5 | * | |
| Zitrusfrüchte | Kühlschrank | | |
| Zucchini | Kühlschrank | | |
| Zuckererbsen | bis 10 | | * |
| Zwiebeln, Knobl. | bis 200 | bis 70% | |

# Gefrierfächer, Gefrierschränke und Gefriertruhen

LIEBHERR-Kühl-Gefrierkombination.

LIEBHERR-Gefriertablett (s. S. 19)

Gefriergeräte sind praktisch für die **langfristige Lagerung** von Lebensmitteln. Sie ergänzen Kühlschrank und das LIEBHERR-Biofresh-Fach sinnvoll, so daß wir seltener einkaufen müssen und die Küchenarbeit erleichtert wird. Dabei wird auch die Auswahl unserer Lebensmittel vergrößert. Reste müssen nicht sofort verzehrt werden. Die selbst eingefrorenen Lebensmittel und Speisen werden sinnvoll durch industrielle Tiefkühlkost ergänzt.

Ob Sie sich für einen Kühlschrank mit intregiertem Gefrierfach, mit einem separaten Gefrierteil, für eine Kühl-Gefrierkombination oder freistehenden **Gefrierschrank** oder für eine kleine oder große **Gefriertruhe** entscheiden, hängt von der Größe Ihrer Familie und Ihren Lebensgewohnheiten, oft auch von den gegebenen Raumverhältnissen ab. Und sehr häufig wünscht sich die Hausfrau ein kleines Gerät für den täglichen Gebrauch in der Küche, dazu für die längerfristige Lagerung ein Zweitgerät im Vorratsraum oder Keller. LIEBHERR bietet Ihnen entsprechend Ihrer Kücheneinrichtung Einbau- und freistehende Geräte.

Normalerweise rechnen wir pro Person mit einem Bedarf von 60 Liter Nutzinhalt. Singles, Gartenbesitzer, Landhaushalte und Jäger merken aber oft sehr schnell, daß diese Normgröße nicht ausreicht. In vielen Fällen werden 100 oder sogar 120 Liter Nutzinhalt pro Person benötigt.

Alle von LIEBHERR seit April 1993 hergestellten Geräte sind **FCKW-** und **FKW-**frei ausgeschäumt. Durch die Verwendung von Pentan und durch eine besonders dicke Isolierschicht ist eine optimale Isolierung gewährleistet. Das spielt natürlich für den **Energieverbrauch** eine ganz entscheidende Rolle. Vergleichen Sie einmal den Stromverbrauch eines Neugeräts mit dem eines Geräts, das vor 7 oder sogar 12 Jahren gefertigt wurde. Die Ergebnisse sprechen für sich. Heute werden vielfach nur noch 40 % des früheren Stromverbrauchs bei gleicher Gerätegröße benötigt. Unter solchen Bedingungen ist es höchste Zeit, das Altgerät gegen ein neues, weitaus komfortableres und energiesparendes Kühl- oder Gefriergerät auszutauschen.

Neben der weit besseren Isolierung unserer neuen Geräte ist auch der **Aufstellungsort** ausschlaggebend für den Energieverbrauch. Wenn täglich die Sonne das Gerät prall bescheint oder der Backofen daneben eingebaut wurde, müssen Sie sich nicht über eine hohe Stromrechnung wundern. Überlegen Sie mögliche Veränderungen.

*Unser Tip:*
*Wenn Ihr Bedarf an Gefrierware starken Schwankungen unterliegt, wählen Sie einen »No-frost«-Gefrierautomaten, dessen Gefrierraum – dem Bedarf entsprechend – variabel durch Einschieben eines Isolierbodens verkleinert werden kann, und damit Strom spart.*

Überlegen Sie sich, ehe Sie Ihr Gerät öffnen, was Sie einlagern oder herausholen wollen, denn dabei geht immer Kälte verloren. Aber, je voller das Gerät ist, umso geringer ist der Verlust. Die Kälte wird durch kompaktes Gefriergut länger als durch Luft gehalten.

Wenn Sie warme Speisen einlagern, hat das nicht nur für die Stromrechnung Folgen, sondern auch für das übrige Gefriergut. Die Lebensmittel beginnen zu tauen und büßen ihre Qualität ein.

Allein 2 mm Reif bedeuten etwa 10 % mehr Stromverbrauch! Darum ist das regelmäßige Abtauen dicker Reifschichten bei Geräten, die keine automatische Abtauvorrichtung haben, unumgänglich.

Vor der ersten Inbetriebnahme sollten Sie Ihre Neuanschaffung einmal mit einem neutralen Reinigungsmittel auswaschen und anschließend trockenreiben.

Normale Geräte sollten 3–4 mal jährlich, Geräte mit automatischer Abtauvorrichtung mindestens 1 mal jährlich gründlich gereinigt werden. Legen Sie die Arbeit möglichst auf Termine, zu denen Sie nur wenig Ware im Gerät aufheben. Tags zuvor stellen Sie dafür den entsprechenden Schalter auf Superfrost, damit der Inhalt so stark wie möglich heruntergekühlt wird. Während der Reinigung heben sie Ihr Gefriergut sortiert in großen Wäschekörben auf, die zuvor mit Decken und Frottiertüchern ausgelegt wurden. Obenauf legen Sie Ihre Kälteakkus. Dann wird der Korbinhalt wieder mit Tüchern, Decken und Kissen zugedeckt. Ein Teil der Ware kann, bis Sie sie wieder einlagern, auch im Kühlschrank gestapelt werden. Am schnellsten taut das Gerät ab, wenn Sie mehrere mit heißem Wasser gefüllte Schüsseln in den Schrank stellen. Wenn keine Ablaufvorrichtung für das Eiswasser vorhanden ist, legen Sie Zeitungen oder Tücher unten in das Gerät. Schließen Sie gleich die Tür oder den Deckel. Ab und zu das Wasser erneuern und die Eisplatten vorsichtig lösen. Dabei keine scharfen Gegenstände verwenden. Denn dann könnten Sie die Kälteerzeuger Ihres Gerätes beschädigen.

Nach dem Säubern mit einem neutralen Reinigungsmittel das Gerät mit Essigwasser ausreiben, um Gerüche zu beseitigen. Dann gut trockenreiben, damit nicht eventuelle Restfeuchtigkeit gleich wieder Reif bildet.
Jetzt müssen Sie das Gerät einschalten – und zwar für die nächsten Stunden auf **Superfrost**, bis das Gefriergerät die nötige Temperatur von mindestens –18° C erreicht hat. In der Zwischenzeit können Sie Ihre Vorräte mustern und sortieren. Beim späteren Einlagern legen Sie Lebensmittel, die bald verbraucht werden sollen, an leichter zugängliche Stellen. Die **Superfrostschaltung** wird bei einigen Geräten auch automatisch abgeschaltet. Es kommt auf die Geräteausstattung an.

# Gefriergut vorbereiten und verpacken

Mangelhafte **Verpackung** ist einer der häufigsten Fehler beim Einfrieren. Wir alle wissen, daß Nahrungsmittel austrocknen, wenn sie offen in der Küche stehen. Die Oberfläche wird hart und verkrustet. Soßen und Pudding sind typische Beispiele.

Beim Gefrieren ist der Schaden durch Feuchtigkeitsverlust noch gravierender. Lebensmittel können bis zu 20 % ihres Gewichts verlieren. Besonders schädlich ist der **Gefrierbrand** bei Fleisch, Geflügel und Wild. Die Nahrungsmittel sehen stellenweise weiß und schwammig aus. Nach dem Auftauen sind sie für uns wertlos. Solche Ware darf nicht mehr verkauft werden.

*Sparen Sie nicht an der Verpackung! Sie muß feuchtigkeitsundurchlässig und hygienisch einwandfrei sein.*

Ungeeignet sind zum Verpacken ausgediente Kunststoffbeutel von Textilien oder ähnliches Verpackungsmaterial, Papier, dünne Frischhaltefolie, wie sie für Sichtverpackungen von Fleisch in Supermärkten oder als Rollenware angeboten wird oder normale – nämlich zu dünne – Aluminiumfolie.

**Gefrierbeutel** müssen im Handel als solche deklariert sein. **Gefrier-Kochbeutel** sind praktisch, wenn Sie kleine Gemüseportionen im Mikrowellengerät blanchieren wollen oder wenn Sie später Fertiggerichte oder Reis gleich im Beutel aufwärmen. Alle Beutel dürfen Sie prinzipiell nur *einmal* benutzen.

Zum Verschließen sind neben Gummibändern oder farbig ummantelten Drähten die neuen **Gefrierclips** ideal. Damit können Sie, so oft Sie möchten, Beutel ebenso rasch verschließen wie öffnen.

Auf Dauer bewährt sich ein großes Sortiment **Gefrierdosen**. Wählen Sie dafür ein Fabrikat, das sich leicht verschließen, gut stapeln und mühelos durch eine große Lasche öffnen läßt. Runde Gefäße benötigen mehr Platz. Bei eckigen Dosen muß die Luft in den abgerundeten Zwischenräumen zirkulieren können.

*Unser Tip:*
*Kaum ein Haushalt hat zuviel Gefrierdosen, aber fast jeder ein buntes, unübersichtliches Sammelsurium. Entscheiden Sie sich für eine Sorte und disponieren Sie nach dem ersten befriedigenden Probekauf großzügig.*

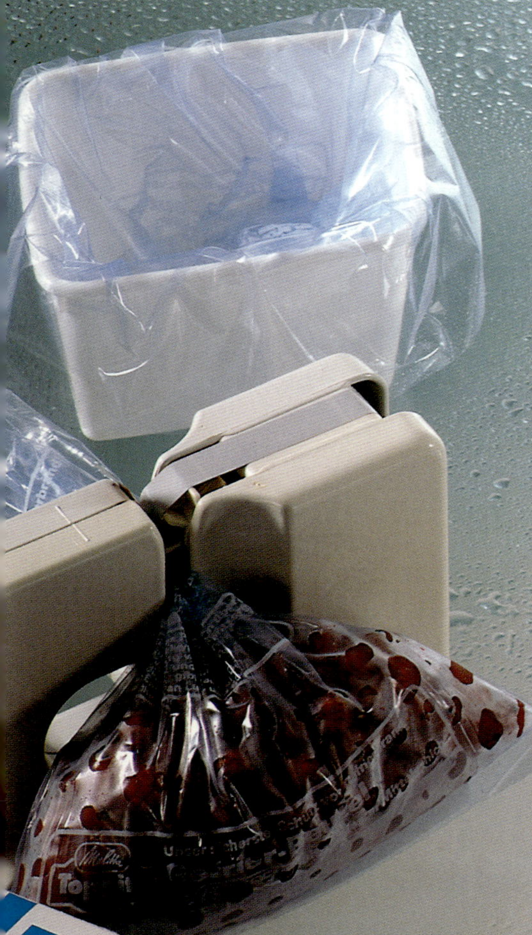

Gleichartige Modelle lassen sich leer und gefüllt besser stapeln. Probieren Sie, wieviele Dosen auf eine Etage Ihres Gefriergeräts passen, ohne daß nutzloser Leerraum entsteht. Dosen sollten höchstens 1 Liter fassen, weil bei größerem Volumen die Gefrier- und Auftauzeiten zu lang sind. Denken Sie daran, daß Gefrierkost nach dem Auftauen gleich gegessen werden muß. Nehmen Sie lieber zwei kleine als eine große Dose.

Mit dem **Beuteltrick** – siehe Abbildung – können Sie Behälter sparen. Als Ummantelung können Sie Gefrierdosen oder gereinigte Milchpackungen nehmen. Nach 24 Stunden kann der Behälter entfernt werden. Die in rechteckiger Form gefrorenen Lebensmittel lassen sich besser als unförmige Beutel stapeln.

**Joghurtbecher** für kleine Mengen Obstmus, **Marmeladengläser** mit Kunststoffschraubdeckeln für kleingehackte Kräuter oder geriebenen Ingwer oder Meerrettich, **Eiswürfelbehälter** für Zitronensaft, Weinreste oder Obstmus, mikrowellengeeignete **Auflaufformen** für Fertiggerichte und sogar **Kuchenformen** für Brot und Gebäck sind bewährte Ergänzungen. Sie müssen −40° C und +300° C vertragen und immer mit passenden Deckeln oder mit gefriergeeigneter Folie oder in Beuteln verpackt werden. Alle Behälter müssen immer tadellos gesäubert werden.

**Folienverpackung** aus Kunststoff darf nicht zu dünn sein, denn sonst können Feuchtigkeit und Luft passieren. Im Handel wird Spezialfolie zum Gefrieren als solche deklariert und als *Schlauch- oder Meterware* zum Verpacken von Fleisch und Gebäck angeboten. Packen Sie die Lebensmittel ohne nennenswerte Lufteinschlüsse ein und verkleben Sie die Ware mit speziellem gefriergeeigneten Klebeband. Schläuche werden wie Beutel mit Clips verschlossen oder verschweißt.

Nur extra-starke Alufolie ist gefriergeeignet. Beim häufigen Umschichten reißt die Ware trotzdem, darum z.B. Fleischpakete zusätzlich in Kunststoff-Folie verpacken.

Deutliche Kennzeichnung: Inhalt, Menge und Datum auf einem gefrierfesten Etikett oder direkt auf dem Beutel oder der Dose mit einem Spezialstift erspart Ihnen mit Sicherheit Überraschungen und viel Verdruß. In gefrorenem Zustand sehen Kalb- und Schweinefleisch gleich aus, läßt sich Kartoffelpüree nicht von Zitronencreme unterscheiden. Anhand des Datums und einer Bestandsliste kontrollieren Sie zuverlässig die Lagerdauer.

Ehe die Lebensmittel oder Speisen verpackt werden, müssen Sie sie vorbereiten. Wir geben Ihnen dafür bei den einzelnen Lebensmittelgruppen nützliche Hinweise.

Bei einigen Gemüsesorten ist der Vitaminverlust sehr viel geringer, wenn Sie die Ware zuvor **blanchieren** (s. S. 39).

Gurken, Fische und Krustentiere werden **glaciert**. Die Eisumhüllung verhindert den Flüssigkeitsverlust der Lebensmittel (s. S. 67).

Das LIEBHERR-Gefriertablett ist eine so praktische Erfindung, daß keiner mehr darauf verzichten möchte! Gefrieren auf dem Gefriertablett ist ideal, um das Zusammenkleben zu vermeiden. Nach dem Gefrieren wird die Ware wie gewohnt verpackt. Zwei zusätzliche Vorteile: Der rasche Gefriervorgang kommt der Qualität zugute. Und Sie können später jeweils genau die Teilmenge, die Sie essen wollen, entnehmen. Das bewährt sich bei Gemüse, Obst, Sahnerosetten und Fleischklößchen genau so wie bei Portionsfleisch, Muscheln oder Krabben.

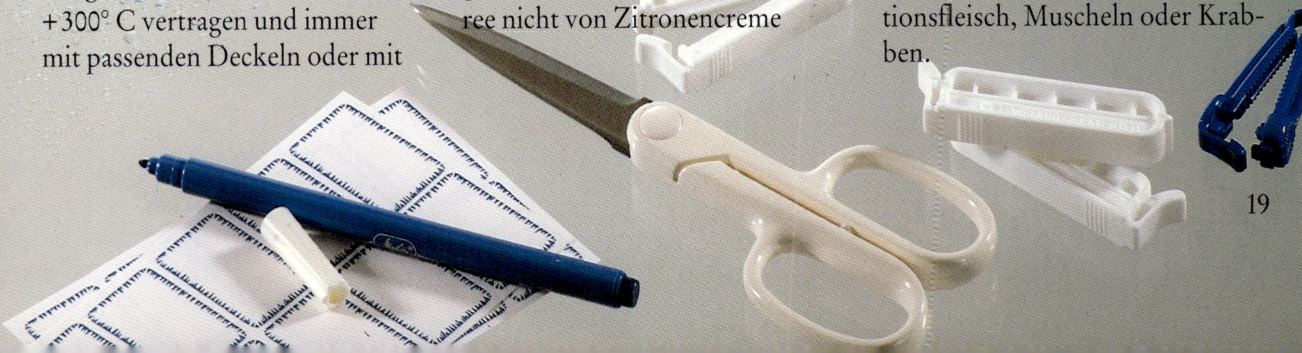

# Richtig einlagern und gefrieren

Die Situation kennen wir alle: Gestern wurde das neue große Gefriergerät geliefert. Im Garten reifen Obst und Gemüse im Überfluß. Oder ein frisch geschlachtetes Schwein soll gleich verarbeitet werden. Nun wollen wir am liebsten alles auf einmal so schnell wie möglich einfrieren. Wenn Sie mehrere Kilogramm Lebensmittel gefrieren wollen, müssen Sie zunächst für die entsprechende **Kältereserve** sorgen. Das geschieht durch das einfache Drücken der Superfrost-Taste. Unsere neueren und besser ausgestatteten Geräte haben eine elektronische Steuerung, die diese Funktion für Sie problemlos regelt. Erst wenn die Kältereserve erreicht wurde, was ungefähr nach 12 Stunden der Fall ist, sollten Sie neue Ware einlagern. Sonst dauert nämlich der Gefriervorgang zu lange, was wir vermeiden wollen. Das schadet der Qualität. Außerdem taut die bereits eingelagerte Gefrierkost wieder an. Nur wenn Sie vom Heimservice Tiefkühlware bis ins Haus geliefert bekommen oder industriell tiefgekühlte Ware im Geschäft einkaufen und sogleich richtig verpackt in der Kühlhaltebox heimbringen, dann ist die Tiefkühlkette nicht unterbrochen. Diese Waren verstauen Sie gleich in Ihrem Gerät.

Beim Einfrieren neuer Lebensmittel müssen Sie das **Gefriervermögen** Ihres Geräts berücksichtigen. Die meisten Hausfrauen kümmern sich leider nicht darum und überschätzen die Kapazität. Das hat Folgen! Das bereits vorhandene Gefriergut taut an, der neue Gefriervorgang dauert zu lange. Das, was wir gerade vermeiden wollten. Unter Gefriervermögen versteht man die Menge an Gefriergut, die – ohne daß die Waren Schaden nehmen – binnen 24 Stunden in das Gerät zum Gefrieren neu eingelagert werden können. In jeder Bedienungsanleitung und auf den Typenschildern der Geräte ist das Gefriervermögen angegeben. Es muß mindestens 5 % des Gesamtinhalts betragen, übersteigt aber oft diese Menge.

Aber Sie sollten das Gefriervermögen möglichst nicht tagtäglich voll ausnutzen. Besser legen Sie zwischendurch einen Ruhetag ein, das verbessert die Qualität. Denken Sie besonders beim Schlachtfest daran. Unser Rat: Zunächst Innereien und Hackfleisch gefrieren. Die restliche Ware kühlen. 1–2 Tage später das Portionsfleisch und dann größere Braten einfrieren. Wegen der erwünschten raschen Gefriergeschwindigkeit packen wir nie mehr als 1 kg

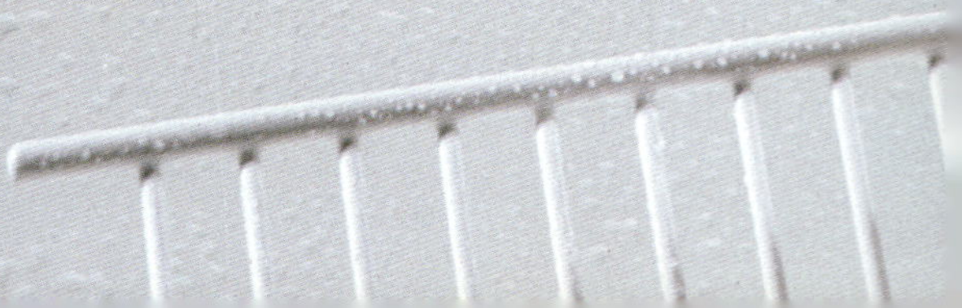

Gefriergut in unsere Dosen und verzichten auf große, über 2,5 kg schwere Braten oder sehr dicke Packungen.

*Schnelles Gefrieren und rasches Auftauen verbürgen tadellose Qualität.*

Bedenken Sie, daß 1 kg Fleisch oder Wild erst in 8–10 Stunden durchgefroren sind, 3 kg sogar 16–24 Stunden benötigen. Für 1 kg Obst, Gemüse oder Fertiggerichte rechnen wir zwischen 10 und 25 Stunden Gefrierzeit. Durch den Einsatz des LIEBHERR-Gefriertabletts kann die Gefrierzeit für kleinere Mengen erheblich reduziert werden.

Grundsätzlich sollten alle Lebensmittel **kalt** sein, wenn sie ins Gefriergerrät gelegt werden. Große Mengen bringen Sie zunächst im Kühlschrank auf niedrigere Temperaturen. Lediglich Brot und Gebäck behalten ihre Frische besser, wenn sie eben abgekühlt eingefroren werden.

Gefriertruhen verfügen über ein **Vorgefrierfach**. Dort wird neue Ware gelagert, bis sie durch und durch gefroren ist. Nach 24, besser erst nach 48 Stunden, wird sie sortenweise eingelagert.

Praktischer sind LIEBHERR-Gefrierschränke mit »frost-safe«-System, bei denen Sie überall neue Ware zum Einfrieren einlegen können.

Beim **Einlagern** müssen Sie darauf achten, daß neue Behälter keinen Kontakt zum bereits gefrorenen Inhalt des Geräts bekommen. Den verhindern passende Stücke aus Styropor oder Wellpappe, die Sie zwischen alte und neue Ware schieben. Bei einigen Doppeltürkühlautomaten sorgt ein Rost auf halber Höhe für die Trennung. Oben auf dem Rost lagern die bereits gefrorenen, unten auf dem Boden die neuen Artikel.
Damit die Luft zwischen den Lebensmitteln zirkulieren kann, sorgen Sie jeweils für einen etwa zweifingerbreiten Zwischenraum. Erst bei der endgültigen Lagerung können Sie die Gefrierdosen dicht auf- und aneinanderstapeln.

Wenn Sie das Gefriergut im Kühlschrank **auftauen**, sparen Sie Energie, denn das Gefriergut gibt Kälte ab, die dem Inneren des Kühlschranks zugute kommt. Nur Brot, Kuchen und Gebäck tauen besser in der Küche oder im Backofen bei 200° C auf.

Wer es eilig hat, kann je nach Art des Gefrierguts unter weiteren Auftaumethoden wählen: Erbsen, Fisch und Garnelen tauen rasch unter fließendem kalten Wasser. Brot und Kuchen werden, soweit es sich nicht um empfindliche Creme- oder Sahnetorten handelt, in den auf 200° C vorgeheizten Backofen geschoben. Das gilt auch für große Braten und Geflügel, hier stellen wir 50° C ein. Brühe oder Fertiggerichte tauen im Topf bei mittlerer Hitze auf dem Herd.
Im Mikrowellengerät können kleine Mengen sowohl aufgetaut als auch gegart werden. Um 100 g in einem 600 Watt-Gerät bei 30 %iger Leistung aufzutauen, rechnen wir durchschnittlich mit 2 mal 30 Sekunden; um sie aufzutauen und um sie zu erwärmen die doppelte Zeit. Zum Auftauen und Garen sind 2 mal 90–120 Sekunden bei 100 % meistens richtig. Zwischendurch müssen Sie die Lebensmittel einmal umrühren. Lesen Sie dazu auch die Bedienungsanleitung Ihres Geräts.

# Panik unnötig

Der Inhalt eines gut gefüllten Gefriergeräts kann den Wert von mehreren hundert, wenn nicht sogar von über eintausend Mark haben. Natürlich sorgt sich so mancher und grübelt, was wohl bei Stromausfall passieren könnte. LIEBHERR-Geräte – je nach Typ – haben einen Netzausfall-warner. Es erfolgt ein akustischer Alarm bei Unterbrechungen der Netzspannung über 6 Stunden.

*Achtung*
*Gefriergerät!*
*Bitte den Stecker nicht herausziehen!*

Hand aufs Herz: Wann haben Sie den letzten längerfristigen Stromausfall registriert? Von Seiten des Elektrizitätslieferanten kommt das in unseren Breitengraden sehr selten vor. Da ist die Gefahr des menschlichen Versagens schon wesentlich größer.
Um die Bohrmaschine oder den Staubsauger zu benützen, wird der Steckkontakt des Gefriergerätes benutzt und anschließend die erneute Inbetriebnahme versäumt. Wenn sich dieser Vorgang unmittelbar vor der Urlaubsreise abspielt, helfen weder Warnlicht noch akustische Signale! Der kostbare Inhalt verdirbt.
Ein lustiges **Warnschild** an einem bunten Bändchen an den Stecker montiert, könnte die notwendige Aufmerksamkeit auf sich ziehen und solche Vorkommnisse verhindern.

Natürlich gibt es auch andere Ursachen für den ungewollten Temperaturanstieg. Aber sie sind relativ selten. Wenn Sie das **Warnlicht** erblicken oder den **Warnton** hören, vergewissern Sie sich zunächst, ob das Gerät ordnungsgemäß mit dem Stromnetz verbunden ist und kein Bedienungsfehler vorliegt. Vielleicht ist die Sicherung defekt, die Tür oder der Deckel nicht richtig verschlossen?

Erst wenn alle leicht auffindbaren Störungsquellen ausgeschlossen wurden, benachrichtigen Sie Ihren nächsten LIEBHERR-Kundendienst. Die Anschrift vermittelt Ihnen

das Kundendienstverzeichnis<br>
oder<br>
Ihr Elektrohändler.

Praktische Hausfrauen notieren die entsprechende Telefonnummer vor der ersten Inbetriebnahme auf die Rückseite des empfohlenen Warnschildchens.

Auch bei **Stromausfall** brauchen Sie nicht in Panik zu geraten. Halten Sie das Gerät geschlossen. Die Kältereserve beträgt – dank der guten Isolation und der Kälteakkus von LIEBHERR-Geräten – bis zu 77 Stunden – je nach Gerätetyp.

Ist der Inhalt angetaut oder aufgetaut gilt folgendes:

■ Geruch und Aussehen sind ausschlaggebend für die Verwertung oder Vernichtung.

■ Schlecht aussehende oder übelriechende Speisen, **Eiskrem** und **Babynahrung** stets vernichten.

■ Rohes **Hackfleisch, Fleisch, Fisch, Geflügel, Wurst** und **Innereien:** soweit sie an- oder aufgetaut sind, aber noch frisch riechen, sofort verarbeiten. Das gilt aber nur, wenn keine Zweifel an ihrer Güte bestehen.

■ Gut aussehende und -riechende **Früchte** mit Zucker oder in Zuckerlösung aufkochen, verbrauchen, notfalls für kurze Zeit wieder gefrieren.

■ **Gemüse** – soweit noch ein Eiskern vorhanden ist – verbrauchen oder notfalls für kurze Zeit erneut einfrieren.

■ **Brot, Kuchen** und **Gebäck** schnell wieder einfrieren. Sahne- und Buttercremegebäck sogleich verzehren, aber nur, wenn sie noch frisch riechen. Sonst unbedingt vernichten.

■ **Fertiggerichte** in Zweifelsfällen besser vernichten. Eventuell gleich verzehren. Sie können nur dann wieder für kurze Zeit eingefroren werden, wenn sie noch einen harten Kern haben.

# ÜBERSICHT: Gefrieren und Auftauen

| Lebensmittel Gefriereignung | | Haltbarkeit in Monaten | Verpackung und Vorbereitung | Auftauhinweise | Tips |
|---|---|---|---|---|---|
| **Brötchen**<br>**Brot**<br>**Toastbrot** | ***<br>***<br>*** | 12 | Gefrierbeutel,<br>Kunststoff-Folie,<br>extra-starke Alufolie. | Im Backofen, Mikrowellengerät oder Toaster aufbacken. Evtl. erst befeuchten. | In Gefriergerätmitte einlagern. Handwarm einfrieren. |
| **Butter** | *** | 10 | Verkaufspackung, Kunststoff-Folie, extra-starke Alufolie. | Bei Zimmertemperatur oder im Kühlschrank tauen. | Evtl. auch fertige Buttermischungen portionieren. |
| **Eier** | *** | roh 12<br>gekocht 0 | Gefrierdosen, Gläschen. Aufschlagen + 1 Msp. Salz zufügen. | Zimmertemperatur, für Eiergerichte und Kuchen verbrauchen. | Eiweiß oder Eigelb lassen sich einfrieren. |
| **Fisch** | ***<br>**<br>*** | mager 6<br>fett 3<br>geräuch. 2 | Gefrierbeutel. Nur fangfrische Ware! Glacieren und auf Gefriertablett gefrieren, große Fische zuvor portionieren.<br>Gefrierbeutel | Kühlschrank oder unter Wasser, maximal 3 cm dicke Fische können auch gefroren zubereitet werden. Ideal für Mikrowellengeräte.<br>Kurz im Backofen erwärmen. | Fangfrische Muscheln gekocht für Paella einfrieren. |
| **Geflügel** | ***<br>** | mager 12<br>fett 6 | Gefrierbeutel, Kunststoff-Folie, extra-starke Alufolie. Evtl. portionieren. | Siehe Kalbfleisch. Bei 50° C im Backofen schneller auftauen, Suppenhühner gefroren garen. | Verpackung unbedingt vor dem Auftauen entfernen! |
| **Gemüse** | *** | 8–12 | Gefrierdosen, -beutel. Teils mit Zitronensäure blanchieren. Möglichst auf Gefriertablett vorgefrieren. Für Suppen pürieren. | Blockgemüse antauen, langsam im Topf erhitzen. Evtl. im Mikrowellengerät tauen und garen. | Erbsen, Bohnen, Dicke Bohnen, Grünkohl, Spinat besonders gut. |
| **Kalbfleisch** | *** | 8 | Gefrierbeutel, Kunststoff-Folie, extra-starke Alufolie. Portionsfleisch plattengefrieren. Braten ohne Knochen maximal 2,5 kg. | Portionsfleisch vor dem Braten antauen, evtl. im Mikrowellengerät. Große Braten ausgepackt im Kühlschrank oder im Backofen 50° C tauen lassen. | Fleisch zum Schnetzeln nur antauen lassen. Auch lang garende Fertiggerichte einfrieren. |
| **Käse** | **<br>***<br>**<br>*** | mager 3<br>fett 6<br>hart 3<br>weich 6 | Verkaufspackung und Gefrierbeutel, Kunststoff-Folie oder extra-starke Alufolie. | Siehe Butter. | Nicht im Mikrowellengerät auftauen. Quark sehr gefriergeeignet! |
| **Kleingebäck** | *** | 4 | Gefrierdosen. Sortenweise verpacken. | Bei Zimmertemperatur oder im Backofen auftauen. | |
| **Kräuter** | *** | 12 | Gläser, Dosen, Beutel. Vorher zerkleinern. | Gefroren verwenden. | Petersilie gefroren im Beutel zerreiben. |

*** = sehr gut   ** = gut   – = ungeeignet

| Lebensmittel Gefriereignung | | Haltbarkeit in Monaten | | Verpackung und Vorbereitung | Auftauhinweise | Tips |
|---|---|---|---|---|---|---|
| **Kuchen, trocken** | *** | | 6–10 | Gefrierbeutel, extra-starke Alufolie. Portionieren. Handwarm einfrieren. | Im Backofen oder Mikrowellengerät oder Küche auftauen. | In Gefrierschrankmitte einlagern. |
| **Kuchen, Sahne** | *** | | 6 | Kunststoff-Folie. Evtl. portionieren. | Nur bei Zimmertemperatur auftauen. | Nicht im Mikrowellengerät auftauen. |
| **Kuchen, Obst** | ** | | 6 | extra-starke Alufolie. | Siehe Kuchen trocken. | Kein Quark- oder Tortenguß. |
| **Lamm, Hammel** | *** | | 8 | Gefrierbeutel, Kunststoff-Folie, extra-starke Alufolie. Siehe auch Kalbfleisch. | Siehe Kalbfleisch. | Auch als Fertiggerichte sehr gut. |
| **Milch** | *** | | 12 | Gefrierdosen | Im Kühlschrank tauen. | |
| **Obst** | ***<br>**<br>*** | Beeren-<br>Kern-<br>Stein- | 10<br>10<br>10 | Gefrierdosen, -beutel. Evtl. pürieren. Evtl. zuckern oder mit Zuckerlösung bedecken. Zitronensäure zufügen. Auf Gefriertablett vorgefrieren. | Im Kühlschrank oder bei Zimmertemperatur tauen, für Cremes, Getränke u. Kuchen gefroren verwenden. | Beerenmischungen u. Obstmus auch in kleinen Portionen für Singles und Babys günstig. |
| **Pilze** | *** | | 6 | Gefrierdosen, -beutel. Evtl. andünsten, Zitronensaft zufügen. | Gefroren verwenden. Evtl. im Mikrowellengerät auftauen. | Ideal für Rührei und Soßen. |
| **Rindfleisch** | *** | | 12 | Gefrierbeutel, Kunststoff-Folie, extra-starke Alufolie. Siehe auch Kalbfleisch. | Siehe Kalbfleisch. Suppenfleisch gefroren kochen. | Hackfleisch, Gulasch, Rouladen, Braten oder Suppenfleisch auch als Fertiggericht. |
| **Sahne** | *** | | 3 | Verkaufspackung oder auf Tablett gefrieren, dann Gefrierdosen. | Bei Zimmertemperatur oder im Kühlschrank tauen. | Schlagsahnerosetten für Garnierung spritzen! |
| **Schweinefleisch** | ** | mager<br>fett | 6<br>3 | Gefrierbeutel, Kunststoff-Folie, extra-starke Alufolie. Siehe auch Kalbfleisch. | Siehe Kalbfleisch. | Gulasch oder Pasteten als Fertiggerichte sehr praktisch. Fettes Fleisch bald verbrauchen. Unbedingt Gefriervermögen beachten! |
| **Wild, Wildgeflügel** | *** | | 12 | Gefrierbeutel, Kunststoff-Folie, extra-starke Alufolie. Siehe auch Kalbfleisch. | Siehe Kalbfleisch. | Gulasch oder Pasteten als Fertiggerichte sehr praktisch. |
| **Würstchen** | ** | | 2 | Gefrierbeutel, Kunststoff-Folie, extra-starke Alufolie. | Dünne Würstchen gefroren braten, dicke antauen oder auf Kraut oder im heißen Wasser erwärmen. | Frische Leber- und Blutwürste werden grießig. |

# Obst und Nüsse

Kein Tag ohne Obst! Sei es aus dem heimischen Garten oder dem Supermarkt, wir möchten gut und gesund essen. Daß unsere Lebenserwartung steigt, verdanken wir auch dem zunehmenden Obstkonsum.

*Frische und richtige Aufbewahrung sind maßgebend für das Aussehen, den Geschmack und die Erhaltung der Vitamine. Nur mit frischen Nahrungsmitteln können wir uns gesund ernähren!*

Ehe wir Sie über die Behandlung der einzelnen Obstarten informieren, möchten wir einige generelle Hinweise geben, die überhaupt für Obst gelten.

Frische Bananen, Zitrusfrüchte und gereifte tropische Früchte heben wir am besten bei kühler Raumtemperatur auf. Meiden Sie dabei die Nähe von Schnittblumen, weil Obst und Blumen sich durch ausströmende Äthylengase gegenseitig ungünstig beeinflussen.

Von den übrigen Obstarten geben Sie kleinere Vorräte in die Obstschale Ihres **Kühlschranks**. Legen Sie stets zunächst ein Stück Küchenkrepp in die Obstschublade. Weil sich auch Obst und Gemüse nicht immer gut miteinander vertragen, sollen sie voneinander getrennt gelagert werden. Die ausströmenden Äthylengase des Obstes beschleunigen den Verderb von Gemüse. Damit die Luft zirkulieren kann, müssen Sie die dünne Frischhaltefolie, die gekaufte Früchte in Behältern schützt, an einer Stelle öffnen oder mit der Gabel einstechen. Beerenobst schimmelt sehr schnell. Heben Sie es nicht länger als 2 oder 3 Tage im Kühlschrank auf. Früchte allgemein lassen sich – je nach Art unterschiedlich lang – nur begrenzt im Kühlschrank lagern.

Das LIEBHERR-Biofresh-Fach mit einer Feuchtigkeit von bis zu 90 % und Temperaturen zwischen 0° und +2° C verlängert die Haltbarkeit von Obst und Gemüse enorm. Unsere Versuche mit Erd- und Himbeeren zeigten deutlich, daß das Obst unter diesen Lagerbedingungen auch noch nach 4 Tagen appetitlich frisch war. Brombeeren sehen nach 7 Tagen wie frisch geerntet aus. Aprikosen, Pfirsiche, Nektarinen, Pflaumen und Reineclauden bleiben 14 Tage erntefrisch. Die Haltbarkeit von frischen Heidelbeeren, Holunderbeeren, Johannisbeeren und Rhabarber verlängert sich durch diese neu entwickelte optimale Lagerung bis auf maximal 21 Tage. Makellose Birnen bleiben bis zu 3 Monate taufrisch. Frischen Ingwer, eine geschätzte aber relativ teure Zutat für asiatische Gerichte, können Sie bis zu 4 Monate, erntefrische Kiwis sogar 5 Monate im LIEBHERR-Biofresh-Fach lagern.
Geben Sie das Obst am besten sortenweise in Kunststoffbehälter passender Größe, damit die Sorten getrennt bleiben. Es ist nicht nötig, die Früchte abzudecken. Die Luft soll etwas zirkulieren. Den Schieber Ihres Biofresh-Fachs stellen Sie auf 90 % Luftfeuchtigkeit ein. Dieser Wert wird nun automatisch geregelt.

LIEBHERR-Gefriergeräte bieten für die langfristige Lagerung von Obst die beste Lösung. Der Arbeitsaufwand ist wesentlich geringer, die Qualität jedoch weit besser als bei der auf herkömmliche Weise sterilisierter Ware. Für kleinere Mengen raten wir Ihnen, die Früchte zunächst auf dem LIEBHERR-Gefriertablett einzufrieren. So gefrieren sie besonders schnell, was ihre Qualität wesentlich verbessert. Nach 12 Stunden verpacken Sie die gefrorenen Produkte in größere Behälter oder Beutel. Sie können dann später die Mengen entnehmen, die Sie benötigen, weil die Früchte nicht aneinanderkleben. Schwerer als 1 kg sollten die Obsteinheiten jedoch nie sein.

Ungezuckerte Früchte lassen sich vielseitiger verwerten, bewahren aber ihr Aroma weniger gut, als solche, die mit 20 % **Zucker** oder mit einer **Zuckerlösung** aus 700 ml Wasser und 300 g Zucker eingefroren werden. Zur besseren Konservierung und Erhaltung der frischen Farben geben Sie ½ Teelöffel **Ascorbin-** oder **Zitronensäure** an die Lösung. Bei Verwendung von Streuzucker sollte das abgepackte Obst mit dem Zucker vor dem Gefrieren eine Stunde im Kühlschrank Saft ziehen. Der Zuckerfilm legt sich dabei schützend um die Früchte. Vor dem Einlagern stoßen Sie die Gefäße mehrmals auf die Arbeitsplatte, damit die Früchte ineinanderrutschen und die Luft entweicht und stellen Sie sie dann auf den Kopf. Als **Verpackungsmaterial** haben sich Gefrierdosen am besten bewährt. Außerdem empfehlen wir Gefrierbeutel. Sie können diese zunächst in Gefrierdosen oder gereinigte Milchpackungen stecken. Die formgebenden Behälter können bei der »Beutel-im-Behälter«-Methode nach 24 Stunden wieder entfernt werden. Die kubischen Beutel lassen sich dann gut stapeln.

**Mus** oder **Püree** aus Aprikosen, Äpfeln, Quitten oder Beerenobst ist platzsparend im Gefriergerät und in der schnellen Küche später sehr vielseitig verwendbar. Für kleine Haushalte füllen Sie das Mus als Würfelchen in LIEBHERR-Eiswürfelbehälter, -flaschen oder in Joghurtbecher ab. Selbst ein einzelner aufgetauter Würfel Aprikosen-, Erdbeer- oder Himbeermus ergibt mit Quark, Joghurt, Pudding, Milchreis oder Eis eine köstliche und gesunde Nachspeise. Sie ist preiswerter und viel gesünder als industriell gefertigter Fruchtjoghurt.

Selbstbereitete **Obstsäfte** bewahren gefroren ihre Vitamine und ihr Aroma. Sie können für den baldigen Konsum gleich in passende kleine Gläser abgefüllt und mit Kunststoffdeckeln abgedeckt eingefroren werden. Für Kinder bereiten Sie in Spezialbehältern Lutscheis aus frischem Saft.

Industriell werden Säfte als Tiefkühl-Fruchtsaftkonzentrat in kleinen Portionsdosen eingefroren. Sie können das Konzentrat gefroren in einen Saftkrug geben und mit Mineralwasser, Milch oder Buttermilch auffüllen. Während des Auftauens kühlt das Fruchtkonzentrat die Flüssigkeit.

Die **Haltbarkeit** von Gefrierobst beträgt für fast alle Obstarten rund 10 Monate. Dann reift bereits die neue Ernte. Nur Bananen, die wegen mäßiger Gefriereignung ohnehin selten gefroren werden, sollten höchstens 2 Monate, Obstsalat maximal 6 Monate aufgehoben werden.

Zum **Auftauen** nehmen Sie die Früchte aus der Verpackung und geben Sie sie in eine abdeckbare Schüssel. Am besten tauen Sie Obst im Kühlschrank oder, wenn es eiliger ist, auch bei Zimmertemperatur auf. Im Mikrowellengerät rechnen Sie generell für 300 g grob zerkleinertes Obst bei 600 Watt mit 2 mal 3–5 Minuten Auftauzeit, wobei die Leistung auf 30 % reduziert werden muß. Zwischendurch 5 Minuten Ausgleichszeit einplanen und das Obst umrühren. Für Konfitüren, Obsttorten und Süßspeisen werden die Früchte nur angetaut – also nicht völlig aufgetaut – verarbeitet.

**Ananas** und die meisten **tropischen Früchte** – Cherimoyas, Mangos, Papayas und Sternfrüchte – werden meistens kurz vor dem geplanten Verzehr reif gekauft und sollten bei normalen Raumtemperaturen aufgehoben und bald aufgebraucht werden. Unreife Früchte müssen auf alle Fälle zunächst bei Raumtemperatur nachreifen. Wenn Sie tropische Früchte ausnahmsweise nicht gleich essen können, legen Sie die Früchte – außer Ananas – am besten in das Obstfach des Kühlschranks, aber nicht neben äthylenausscheidende Äpfel. Oder bewahren Sie sie in perforierten Kunststoffbeuteln an kühler Stelle in der Küche auf.

**Äpfel** heben wir bei Zimmertemperatur, besser aber im Kühlschrank oder im feuchten LIEBHERR-Biofresh-Fach auf. Wintervorräte verpacken Sie kiloweise in gut verschließbare Gefrierbeutel und lagern sie im Keller bei etwa 6° C.
Sie werden nur in Ausnahmefällen für Kuchen, Aufläufe oder als Kompott eingefroren: Als Apfelschnitze, die in Portionen von jeweils 500 g in 5 Liter sprudelnd-kochendem Wasser mit ½ TL Ascorbin- oder Zitronensäure und 1 kg Zucker für 2 Minuten blanchiert wurden.
Große Mengen von Äpfeln werden wegen der besseren Raumausnutzung und Arbeitsersparnis möglichst vor dem Gefrieren zu aromatischem Apfelmus verarbeitet, das in familiengerechten Portionen abgefüllt wird. Maximal 1 Liter in jede Packung geben, damit es schnell gefriert und auftaut. Für Kleinhaushalte sind dafür Joghurtbecher praktisch. Frischer, roher Apfelsaft kann wie Apfelsinensaft eingefroren werden.

**Apfelsinen** und andere **Zitrusfrüchte** – Mandarinen und deren Abkömmlingen sowie Grapefruits – werden besser bei normaler kühler Zimmertemperatur als im Kühlschrank aufgehoben. Bei längerer Lagerung müssen Sie darauf achten, daß die Früchte nicht aneinanderstoßen und Schimmel sich nicht auf die benachbarten Früchte überträgt. Bei großem Fruchtanfall – vielleicht haben Sie aus dem Urlaub ein Kistchen Südfrüchte mitgebracht oder ein Sonderangebot wahrgenommen – lohnt sich das Einfrieren von Saft. Wenn Sie größere Mengen mit der Maschine auspressen, sparen Sie Abwasch und Zeit. Verteilen Sie den Saft gleich auf ein Dutzend Gläser. Sie werden, mit Kunststoffdeckeln verschlossen, eingefroren. Diejenigen, denen am Morgen die Zeit zum Auspressen der Früchte nicht reicht, nehmen am Abend vorher ein Gläschen aus dem Gefrierfach und genießen es zum Frühstück als gesunden Vitaminspender. Zitronensaft frieren Sie am besten in LIEBHERR-Eiswürfelbehälter oder in der Eiswürfelflasche ein. Die Würfel werden nach 24 Stunden herausgelöst und anschließend in Behälter umgepackt.

**Aprikosen** heben wir höchstens 7 Tage im Kühlschrank, bis zu 14 Tage im LIEBHERR-Biofresh-Fach auf.
Sie lassen sich sowohl roh, ohne oder mit Zucker oder Zuckerlösung sowie als Kompott oder Mus für maximal 10 Monate einfrieren. Später können Sie die gefrorenen Früchte auf Ihren Kuchenteig legen und gleich backen. Oder Sie belegen einen Tortenboden mit halbierten gefrorenen Aprikosen und geben einen Tortenguß darüber. In einer Stunde tauen die Früchte unter dem Guß schonend auf und schmecken wie frisch vom Baum geerntet. Für eine solche Verwendung von Früchten ist das LIEBHERR-Gefriertablett eine große Hilfe.

**Bananen** werden durch Kälte schwarz. Sie werden zwar in Kühlschiffen nach Europa transportiert, reifen dann aber in klimatisierten Räumen so nach, daß sie meistens verzehrreif in den Verkauf gelangen. Normale Zimmertemperatur zwischen 16° und 20° C ist als Lagertemperatur ideal. Legen Sie sie nicht in den Kühlschrank. Wenn Sie sie bei Temperaturen von weniger als 12° C aufheben, nehmen sie Schaden und werden schwarz. Das beste Aroma haben Bananen, wenn die ersten kleinen dunklen Flecken auf der gelben Schale sichtbar werden.
Nur unter Zusatz von Zitronen- und Orangensaft können geschälte, zerdrückte Bananen für maximal 2 Monate in kleinen Behältern eingefroren werden. Das lohnt sich nur ausnahmsweise für Baby- und Seniorenkost.

**Beerenmischungen** gibt es als Gefrierprodukt in bester Qualität zu kaufen. Sie können sie aber auch selbst mischen. Entweder gefrieren Sie die gemischten Beeren auf dem LIEBHERR-Gefriertablett und verpacken sie nach 12 Stunden endgültig. Oder Sie entnehmen vor dem Auftauen verschiedenen Behältern Obst Ihrer Wahl. Dabei können Sie auch solche Sorten miteinander kombinieren, die nicht zur gleichen Zeit reifen. Heidel- und Himbeeren schmecken gut mit Brombeeren, Johannisbeeren oder Sauerkirschen. Beerenmischungen sind sehr beliebt für Kuchen, Süßspeisen und Konfitüre.
Lesen Sie dazu unser Rezept für die Brüsseler Beerentorte auf Seite 124.

**Birnen** heben wir kurzfristig bei Raumtemperatur, für längere Zeit im Kühlschrank oder bis zu 3 Monate im feuchten LIEBHERR-Biofresh-Fach auf. Gefrieren lohnt sich nur, wenn Sie sehr viele Früchte aus dem eigenen Garten ernten und sie nicht schnell genug verzehren können. Orientieren Sie sich näher über die Methode in der Rubrik »Äpfel«. Wir frieren blanchierte Birnen fast immer als Kompott mit Zuckerlösung in familiengerechten Portionen ein. Damit die Früchte in der Lösung nicht hochsteigen, legen wir jeweils ein Stück Klarsichtfolie obenauf, ehe wir die Gefäße mit dem Deckel luftdicht verschließen.

**Brombeeren** können frisch geerntet 3–4 Tage im Obstfach des Kühlschranks und maximal 7 Tage im feuchten LIEBHERR-Biofresh-Fach aufgehoben werden.
Sie haben ohne und mit Zucker oder Zuckerlösung vorzügliche Gefriereigenschaften. Bei kleineren Mengen gefrieren Sie am besten die Beeren zunächst auf dem LIEBHERR-Gefriertablett. 12 Stunden später alles in Beutel oder Behälter verpacken, dabei niemals das Gewicht von 1 kg überschreiten.
Nach dem Auftauen – vorzugsweise über Nacht im Kühlschrank – zu Süßspeisen, Kompott, für Kuchen oder zu Gelee oder Konfitüre verarbeiten.

**Datteln** werden frisch und getrocknet entweder aus Nordafrika – oder in wesentlich größeren Mengen aus Israel – importiert. Frische Datteln behalten bei niedriger Raumtemperatur, im Kühlschrank oder im feuchten LIEBHERR-Biofresh-Fach am besten ihr Aroma.
Getrocknete Datteln heben Sie entweder in einem verschlossenen Gefäß im Speiseschrank, besser aber im trockenen LIEBHERR-Biofresh-Fach bei ca. 40 % Feuchtigkeit auf. Dort bleibt die Restfeuchtigkeit monatelang erhalten.

**Erdbeeren** verderben erfahrungsgemäß sehr rasch und beginnen schnell zu schimmeln. Geben Sie darum die Beeren gleich in das Obstfach des Kühlschranks, besser aber noch in das feuchte LIEBHERR-Biofresh-Fach. Dadurch können Sie die Haltbarkeit auf etwa 5 Tage verlängern. Sie müssen zuvor die Abdeckfolie kommerziell verpackter Beeren stets einige Male durchstechen. Vor dem Gefrieren werden die Früchte, nur wenn unbedingt nötig, gewaschen. Sie müssen anschließend gut abtropfen. Durch Anstechen mit einer Nadel halten sie besser ihre Form. Ohne Zucker oder mit einem Zusatz von 10 % Zucker halten sie bis zur nächsten Ernte. Teilmengen werden zunächst auf dem Gefriertablett gefroren und erst dann verpackt, damit Sie später kleinere Mengen entnehmen können.
Da Erdbeeren ihre feste Konsistenz immer etwas einbüßen, pürieren viele Hausfrauen einen Teil der Früchte mit dem elektrischen Pürierstab. Das Mus füllen Sie in LIEBHERR-Eiswürfelbehältern, Joghurtbechern oder kleinen Gefrierdosen ab. Es wird für Marmelade, Müsli oder Süßspeisen verwendet.

**Feigen** behandeln Sie wie Datteln. Frische Feigen halten sich im Kühlschrank oder im feuchten LIEBHERR-Biofresh-Fach am besten. Getrocknete Feigen werden bei Lagerung im trockenen LIEBHERR-Biofresh-Fach nicht hart.

**Flieder-** oder **Holunderbeeren** gefrieren Sie für Süßspeisen oder Gelee in Gefrierdosen möglichst als Saft, weil die nutzlosen Stiele zu voluminös sind.

**Hagebutten** sind als hochwertige Vitamin-C-Spender leider nur selten zu bekommen. Sie zu sammeln macht Spaß und kostet nicht mehr als etwas Zeit. Die Früchte müssen halbiert, entkernt und zu Mus verkocht werden. Es wird dann durchpassiert. Kleinere Mengen heben wir maximal 1 Woche im verschlossenen Gefäß im Kühlschrank auf.
Größere Vorräte werden wie Apfelmus (s. S. 29) eingefroren und nach dem Auftauen für Gebäck, Konfitüre, Müsli oder Süßspeisen verbraucht.

**Heidelbeeren** können wir, soweit frisch gesammelt, 1 Woche im Kühlschrank und bis zu 21 Tagen im feuchten LIEBHERR-Biofresh-Fach aufbewahren. Bei gekaufter Ware wissen wir selten, wann die Beeren gelesen wurden, und müssen uns hinsichtlich der Frische auf den Augenschein verlassen. Frische Beeren haben einen blauweißen Schimmer, länger gelagerte sehen glänzend blauschwarz aus.
Zum Gefrieren müssen Sie die Heidelbeeren zunächst 2 Minuten überbrühen oder für 1 Minute im Mikrowellengerät blanchieren. Das macht die harten Schalen zarter und bannt die Gefahr des Fuchsbandwurmbefalls. Geringe Mengen zunächst auf dem LIEBHERR-Gefriertablett eingefrieren. Im übrigen gelten die Hinweise wie für Erdbeeren auf S. 31. Bei industriell tiefgekühlten Heidelbeeren handelt es sich meistens um Früchte aus Polen oder Skandinavien, die in den Erzeugerländern gleich nach der Ernte eingefroren werden.

**Himbeeren** sollten möglichst am Tag der Ernte oder des Einkaufs gegessen werden. Selbst wenn Sie sie sogleich in den Kühlschrank geben, schimmeln sie oft schon bis zum folgenden Tag. Frisch eingelagerte Ware hält sich im LIEBHERR-Biofresh-Fach nach unserer Erfahrung 3–4 Tage.
Die Gefriereigenschaften als Beeren oder Mus sind ausgezeichnet. Aufgetaute Beeren gehören für Kuchen, Süßspeisen, für das Müsli oder zum Kochen frischer Konfitüre zu den beliebtesten Artikeln aus dem Gefriergerät und sind kaum von frischen Beeren zu unterscheiden. Die besten Ergebnisse erzielen Sie, wenn Sie die ungewaschenen, erntefrischen Beeren zunächst auf dem LIEBHERR-Gefriertablett vorgefrieren oder als püriertes Himbeermus in kleinen Portionen ohne oder mit Zucker gefrieren. Zuckerzusätze verbessern das Aroma, schränken aber die Verwendungsmöglichkeiten etwas ein.
Industriell tiefgekühlte Himbeeren werden in Packungen von 400, 450, 750 und 2.500 g angeboten. Preislich sind die großen Verkaufseinheiten immer günstiger. Angebrochene Beutel verschließen wir wieder mit Gefrierclips.

**Johannisbeeren** – rot, weiß oder schwarz – halten sich frisch geerntet etwa 10 Tage im Kühlschrank und doppelt so lange im feuchten LIEBHERR-Biofresh-Fach.
Zum Gefrieren müssen Sie die Beeren nicht unbedingt zuvor von den Stielen streifen.
Gefrieren Sie die Beeren zunächst auf dem LIEBHERR-Gefriertablett und verpacken Sie sie nach 12 Stunden endgültig in Gefrierdosen, -beutel oder Gefrierbeutel, die in Behälter gesteckt wurden. Im angetauten Zustand lassen sich die Beeren leicht von den Stielen abstreifen.
Johannisbeersaft für Gelee oder Süßspeisen einzufrieren, ist eine platzsparende Art des Gefrierens.

**Kirschen**, ob süß oder sauer, können Sie etwa 1 Woche im Kühlschrank und doppelt so lange im feuchten LIEBHERR-Biofresh-Fach aufbewahren. Die Gefriereignung von Süßkirschen ist je nach Sorte unterschiedlich und meist unbefriedigend. Sauerkirschen können Sie dagegen sehr gut gefrieren: mit oder ohne Kerne und mit oder ohne Streuzucker oder Zuckerlösung, näheres dazu auf Seite 27.
Für Kuchen geben Sie später am besten die noch gefrorenen Kirschen auf den Kuchenteig oder den fertig gebackenen Tortenboden. Sonst ziehen sie zu stark Saft. Aus aufgetauten entsteinten Kirschen können Sie aromatische Konfitüre oder Rote Grütze kochen.

**Kiwis** werden als Vitamin-C-haltige Früchte vor allen Dingen aus Italien, dazu aus den übrigen Mittelmeerländern und aus Neuseeland importiert. Sie werden höchstens 4 Wochen im Kühlschrank aufgehoben. Druckstellen vermindern die Haltbarkeit. Im feuchten LIEBHERR-Biofresh-Fach gelingt es sogar, die Haltbarkeit erntefrischer Kiwis auf 5 Monate zu verlängern.
Unreife Kiwis wickeln Sie mit einem Apfel in Papier, in der Küche reifen sie in 2–3 Tagen.
Weil Kiwis bei uns beinahe ganzjährig angeboten werden, frieren wir die Früchte selten ein. Im Obstsalat überstehen sie den Gefrierprozeß gut.

**Mandeln, Nüsse** und **Kokosnüsse** haben einen hohen Fettgehalt und werden nach dem Schälen schnell ranzig. Zerkleinert verderben sie noch schneller. Kleine Vorräte heben wir in verschließbaren Behältern im Speiseschrank für den baldigen Verbrauch auf.
Für längere Lagerung größerer Mengen bieten sich das trockene LIEBHERR-Biofresh-Fach oder das Gefrierfach an. Unter diesen Bedingungen haben auch zerkleinerte oder geriebene Kokosnüsse, Mandeln und Nüsse eine Lagerdauer von 1 Jahr, ohne dabei ranzig oder trocken zu werden.

**Melonen** dürfen nicht hohl klingen, die Schale darf keine Risse oder Flecken aufweisen.
Wassermelonen lagern wir bis zum Verzehr im Kühlschrank, denn kalt schmecken sie am allerbesten. Einmal angeschnitten, müssen wir die Schnittfläche sorgfältig mit Frischhaltefolie bedekken, damit sie nicht austrocknet. Alufolie ist nicht dafür geeignet, denn Metall und Fruchtsäure vertragen sich nicht.
Honigmelonen aus Spanien reifen am besten in Papier eingewickelt bei Raumtemperatur. Sie halten sich, frisch geerntet, 6 Wochen.
Wer Platz hat, kann die Melonen bis zu 2 Monaten im Kühlschrank lagern. Vor dem Verzehr werden sie grundsätzlich für 1–2 Stunden in den Kühlschrank gelegt.
Zum Gefrieren sind Wassermelonen ungeeignet. Auch bei den übrigen Melonen sind die Resultate nur mäßig. Trotzdem werden Melonenwürfel gelegentlich als Zutat in Müsli oder Obstsalat gefroren.

**Mirabellen** sollten möglichst erst bei voller Reife gepflückt und bald gegessen werden. Sie halten wie Pflaumen rund 10 Tage im Kühlschrank und doppelt so lange im feuchten LIEBHERR-Biofresh-Fach.
Da sie beim Gefrieren beinahe immer braun werden, sollten Sie bei Überschüssen Mirabellen in traditioneller Weise in Gläsern sterilisieren. Allenfalls können Sie fertig zubereitetes Mirabellenkompott mit Zucker- und Zitronensaft für kurze Zeit einfrieren.

**Pfirsiche** und **Nektarinen** sollen beim Einkauf frei von Druckstellen sein und einen gewissen Reifegrad erreicht haben. Zu früh geerntet entwickeln sie nicht das typische Aroma. Sie können je nach Sorte etwa 7 Tage im Kühlschrank und bis zu 14 Tagen im feuchten LIEBHERR-Biofresh-Fach aufgehoben werden.
Reife, aber noch feste Früchte eignen sich gut zum Gefrieren. Zum Schälen werden sie zuvor für 1–2 Minuten in kochendes Wasser getaucht. Die Steine müssen vor dem Gefrieren unbedingt entfernt werden, sonst werden die Früchte bitter. Da Pfirsiche später fast ausschließlich als Kompott oder als Tortenbelag verbraucht werden, werden sie am besten mit 20–30%iger Zuckerlösung und einem Zusatz von ½ Teelöffel Ascorbin- oder Zitronensäure pro Liter in Behältern von maximal 1 Liter eingelagert. Damit die Früchte nicht hochsteigen, legen Sie ein Stück Klarsichtfolie obenauf.
Zum Auftauen müssen Sie bei Zimmertemperatur für 1 Liter etwa 8 Stunden einkalkulieren, im Kühlschrank kann es bis zu 18 Stunden dauern.

**Pflaumen, Reineclauden** und **Zwetschgen** verlieren, bei voller Reife geerntet, ihre lange Haltbarkeit. Sie können aber im allgemeinen dann noch etwa 10 Tage im Kühlschrank und bis zu 3 Wochen im feuchten LIEBHERR-Biofresh-Fach ohne Schaden aufgehoben werden.
Zum Gefrieren sind sie nur bedingt geeignet; viele Sorten bräunen stark. Wer Zwetschgen mit Zucker einfriert, gibt darum meist pro Kilo Früchte 200 g Zukker und ½ Teelöffel Ascorbin- oder Zitronensäure zu.
Wer nicht auf den Zwetschgenkuchen im Winter verzichten möchte, sollte die entsteinten Früchte ohne Zuckerzusatz nach vorherigem Gefrieren auf dem Gefriertablett in Gefrierbeutel oder -dosen verpacken und einlagern. Da die Zwetschgen beim Einfrieren auf dem Gefriertablett nicht aneinanderkleben, können sie später gefroren auf den Kuchenteig gelegt und sofort gebacken werden. Das kommt der Qualität des Kuchens zugute.
Sie können auch fertigen Zwetschgenkuchen – roh oder gebacken – einfrieren. Gebackener Zwetschgenkuchen wird ansehnlicher, wenn er nach dem Auftauen mit Tortenguß überzogen wird.

**Preiselbeeren** werden im Herbst als frische Rohware angeboten. Das industriell hergestellte Preiselbeerkompott enthält sehr viel Zucker. Bei selbstgemachtem Kompott kommt man mit weit weniger aus. Sie kochen jeweils 1 kg frische Preiselbeeren mit 200 g Zucker einmal kurz auf und füllen das Kompott in kleine Behälter. Nach dem Abkühlen werden sie für maximal 12 Monate ins Gefriergerät gelagert. Bedenken Sie bei der Größenwahl der Gefrierdosen, daß das einmal aufgetaute zuckerarme Kompott schnell verdirbt und innerhalb von 48 Stunden verzehrt sein soll.

**Quitten** dürfen beim Einkauf keine Druckstellen oder Wurmlöcher haben. Sie sollten nach der Ernte mindestens 2 Wochen bei Zimmertemperatur lagern, damit sie voll ausreifen und ihr Aroma entwickeln. Sie können dann noch für 3 Wochen ins feuchte LIEBHERR-Biofresh-Fach eingelagert werden.
Einmal eine größere Menge Saft oder Mus zuzubereiten ist rationeller. Saft oder Mus für Gelee, Nachspeisen oder Kuchen wird in Behälter von maximal 1 Liter gefüllt. Quittensaft und -mus können maximal für 10 Monate eingefroren werden.
Die Zuckermenge für das aus Quittenmus und Zucker gekochte Quittenbrot kann die umsichtige Hausfrau reduzieren, wenn sie das fertige Produkt einfriert. Es schimmelt dann nicht. Frieren Sie zunächst das fertige, getrocknete Quittenbrot auf dem Gefriertablett ein. Nach 12 Stunden verpacken Sie es für die Wintersaison appetitlich in Gefrierdosen oder einzeln in extra-starke Alufolie.

**Rhabarber** schmeckt während der ersten beiden Erntemonate am besten. Sie können die von Blättern befreiten Stengel 1 Woche im Obstfach des Kühlschranks und bis zu 3 Wochen im feuchten LIEBHERR-Biofresh-Fach lagern.
Zum Gefrieren für Kuchen werden die Stengel ohne Zuckerzusatz eng aneinander in Gefrierdosen geschichtet. Später legen Sie sie, genau wie Zwetschgen, gefroren auf den Kuchenteig und backen den Kuchen sogleich. Dann zieht der Rhabarber weniger Saft. Für Kompott garen Sie die kleingeschnittenen gefrorenen Stengel mit nur geringem Wasserzusatz in einem dickwandigen Topf mit festschließendem Deckel bei nur geringer Wärmezufuhr oder im Mikrowellengerät. Das so zubereitete Kompott schmeckt sehr aromatisch. Auf diese Weise kann es auch aus Rhabarber vor dem Gefrieren zubereitet werden.

**Stachelbeeren** halten sich je nach Reifegrad 7–10 Tage im Kühlschrank und doppelt so lange im feuchten LIEBHERR-Biofresh-Fach.

Zum Gefrieren eignen sich nur feste Früchte. Unreife Beeren müssen 2 Minuten in einer Zuckerlösung mit einem Zusatz von ½ Teelöffel Ascorbinsäurezusatz pro Liter Wasser blanchiert werden.

Das in Dosen geschichtete Obst können Sie für den späteren Verbrauch als Tortenbelag oder als Kompott mit einer Zuckerlösung mit Ascorbin- oder Zitronensäurezusatz bedecken.

Für Kuchen geben Sie die Beeren zunächst auf das LIEBHERR-Gefriertablett. Sie gefrieren dadurch schneller und kleben nicht aneinander. Nach 12 Stunden endgültig in Gefrierdosen, -beutel oder in Beutel, die zuvor in Behälter gesteckt wurden, einfrieren. Sie können gefroren auf den rohen Kuchenteig gelegt und gebacken werden.

Für Konfitüre sollten Sie die Stachelbeeren vor dem Gefrieren zu Mus pürieren, es nimmt weniger Platz ein. Vor der Zubereitung muß Mus über Nacht auftauen.

Die Gefriereignung von Stachelbeeren ist bei entsprechender Sortenwahl gut.

**Weintrauben** halten sich im Kühlschrank etwa 10 Tage. Sie können bis zu 3 Wochen im feuchten LIEBHERR-Biofresh-Fach aufgehoben werden, ohne an Qualität einzubüßen. Das gilt aber nur für Trauben, die nicht zu reif vom Rebstock geschnitten und während des Transports sorgfältig behandelt wurden.

Die Gefriereignung ist gering. Grüne Trauben werden unansehnlich und wäßrig. Rote und blaue werden gelegentlich in Müslimischungen oder Obstsalaten gefroren.

Frisch ausgepresster Traubensaft hat eine gute Gefriereignung, lesen Sie dazu die praktischen Tips bei Apfelsinen auf Seite 29.

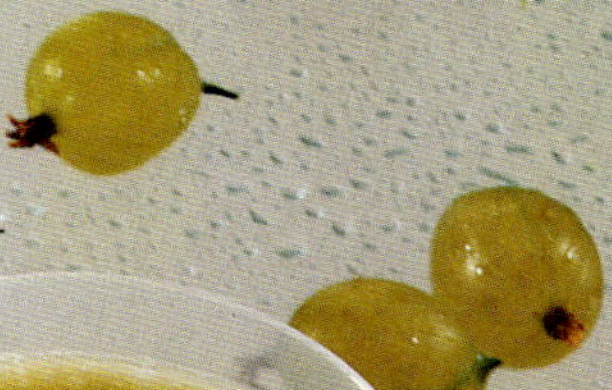

**Zitronen** lagern wir im allgemeinen bei Raumtemperatur, dabei reifen sie nach. Reife Zitronen können Sie längere Zeit auch im Obstfach des Kühlschranks aufheben.

Sollten Sie einmal sehr große Vorräte haben, pressen Sie den Saft aus und verteilen ihn auf LIEBHERR-Eiswürfelbehälter. Nach dem Gefrieren werden die Würfel herausgelöst und in größere Behälter umgepackt. Ein einzelner Würfel würzt Suppen oder Soßen, gibt Süßspeisen oder Kuchenteigen einen guten Geschmack oder kühlt erfrischend sommerliche Mixgetränke.

Sie können die Früchte auch in extra-starke Alufolie gewickelt als Ganzes gefrieren. Sie lassen sich später im gefrorenen Zustand vorzüglich abreiben.

*Nützliche Tips:*
*Legen Sie Zitrusfrüchte vor dem Auspressen für 30 Sekunden in das Mikrowellengerät bei 100 %, die Saftausbeute ist dann wesentlich größer.*
*Reiben Sie die Schale unbehandelter Zitrusfrüchte fein ab und geben Sie sie mit Zucker in ein Schraubglas. Gut zum Aromatisieren von Süßspeisen und Gebäck.*

# Gemüse und Kartoffeln

Für die kurz- oder mittelfristige Lagerung im Kühlschrank oder LIEBHERR-Biofresh-Fach gelten die Hinweise für Obst von Seite 26 f.

Gemüse gehört neben Fertiggerichten, Eiskrem, Fisch, Hähnchen, Brot und Obst zu den beliebtesten Gefrierartikeln. Rund 75 % der Gemüsevorräte in unseren Gefriergeräten wurden in eigenen Gärten gezüchtet. Weil die Technik heute so perfekt ist, müssen wir kaum mehr mühsam wie in früheren Zeiten trocknen, salzen, säuern und sterilisieren.

Gelegentlich trocknen wir Pilze oder Tomaten. Wir brauchen dafür aber gleichmäßige, recht hohe Temperaturen und große schattige Flächen.

Weißkohl machen wir gelegentlich durch etwas Salz und Milchsäure, Gurken, Kürbis und Rote Bete durch Essigsäure haltbar. Oft sterilisieren wir diese Gemüse nach dem Säurungsprozeß zusätzlich in Gläsern. Das erfordert einen relativ hohen Arbeitsaufwand.

Sonst ist es überholt, Gemüse zu sterilisieren, wegen der Arbeit und der verminderten geschmacklichen Qualität.

Anders sieht es beim **Einfrieren** aus. Viele Gemüsesorten füllen wir nach dem Putzen und Zerkleinern gleich in Gefrierbeutel und legen sie ohne weiteren Arbeitseinsatz in das Gefriergerät. Selbst wenn wir einige Gemüsesorten vor dem Einfrieren blanchieren müssen, so ist das nur ein geringer Arbeitsaufwand.

Wir haben bereits auf der Seite 11 erläutert, daß der **Vitamingehalt** von frisch geerntetem und sogleich eingefrorenem Spinat wesentlich höher ist, als der von Spinat, der mehrere Stunden nach der Ernte unter normalen Bedingungen von der Hausfrau zubereitet wurde. Das gilt natürlich auch für alle anderen Gemüse. Gemüse selbst einzufrieren lohnt sich immer, wenn Sie es aus dem Garten ernten oder sehr frisch preisgünstig bekommen.

Von der Tiefkühlindustrie wird Gemüse stets unter besten Bedingungen eingefroren und ist – wie bereits erwähnt – vom gesundheitlichen Standpunkt absolut zu befürworten. Daß Gefriergemüse im Hinblick auf die spätere Zubereitung sehr bequem und im Winter preiswerter als »frische« Ware ist, haben die meisten Verbraucher erkannt. Beim Preisvergleich müssen Sie den oft 50 %igen Abfall und die Zeit, die Sie zum Herrichten benötigen, einkalkulieren. Ein zusätzlicher Vorteil ist außerdem der wesentlich bessere Geschmack von gefrorenem Gemüse im Vergleich zu getrockneter oder sterilisierter Ware.

**Blattgemüse** zum Rohgenuß, **Radieschen** und **Rettiche** lassen sich nicht gefrieren. Sie fallen durch die Kälteeinwirkung stets zusammen oder werden glasig. **Fruchtgemüse** wie Paprika und Gurken behält zwar seine Form, verliert aber die knackige Konsistenz. Dies müssen Sie hinnehmen.

Einige Gemüsesorten müssen nach dem Putzen, Waschen und Zerkleinern blanchiert werden. Durch den Hitzeschock wird die Aktivität der Enzyme gestoppt, die Farbe, Geruch, Geschmack und Vitamingehalt verändern.

Wenn Sie in Wasser blanchieren wollen, bringen Sie in einem Topf 5 Liter Wasser mit ½ TL Ascorbin- oder Zitronensäure zum sprudelnden Kochen. Dann müssen Sie darin jeweils 500 g vorbereitetes Gemüse 1–10 Minuten unter starker Wärmezufuhr erhitzen. Die genaue Zeit nennen wir bei den einzelnen Gemüsearten. Damit Sie später das Gemüse schnell aus dem Wasser nehmen können, geben Sie große Mengen zuvor in einen hitzeunempfindlichen Seiher oder in ein an den Zipfeln zusammengeknotetes, locker gewebtes Geschirrtuch. Das Kochwasser kann etwa zehnmal benutzt werden, muß aber immer wieder sprudelnd kochen. Weißes Gemüse wird vor dunkelgrünem blanchiert. Durch zu langes Blanchieren oder zu kurzes Abkühlen wird das Gemüse musig.
Gleich nach dem Blanchieren muß das Gemüse in Wasser mit Eiswürfeln ebensolang gekühlt werden. Dadurch wird der Garprozeß unterbrochen. Dann lassen Sie es, am besten auf Geschirrtüchern, sehr gut abtropfen.
Über das vitaminschonende Blanchieren im Mikrowellengerät bei Portionen bis zu 500 g lesen Sie die Bedienungsanleitung Ihres Gerätes, denn die Zeiten sind von Modell zu Modell sehr unterschiedlich.

Zum Schluß verpacken Sie das Gemüse mit geringem Lufteinschluß in Gefrierdosen, -beutel oder in Gefrierbeutel, die in Behälter gesteckt wurden und die 24 Stunden später entfernt werden. Durch dieses Verfahren bekommt das Gemüse eine kubische, gut stapelfähige Form.
Die spätere Garzeit wird auf etwa die Hälfte der normalen Zeiten reduziert.

Auf dem LIEBHERR-Gefriertablett können Sie geringere Mengen z. B. von Blumenkohlröschen, Bohnen, Erbsen, Kräutern, Maiskörnern, Möhrenscheiben und Suppengrün zunächst gefrieren und nach 12 Stunden endgültig verpacken. Das Gemüse gefriert schneller und die Zellstruktur bleibt besser erhalten. Später können Sie auch kleine Portionen herausnehmen, weil die Teile nicht aneinanderkleben.

Grünkohl, Rotkohl, Sauerkraut und Wirsing werden meistens als Fertiggerichte eingefroren. Sie müssen dabei aber Fettzugabe, Gewürze und Garzeiten knapp bemessen.

Nachdem Sie Ihre Ware sorgfältig beschriftet haben, lagern Sie sie mit Zwischenabständen in Ihr Gefriergerät ein. Haben Sie dann noch – je nach Gerätetyp – für eine Kältereserve gesorgt und das Gefriervermögen bedacht, kann nichts mehr schief gehen.

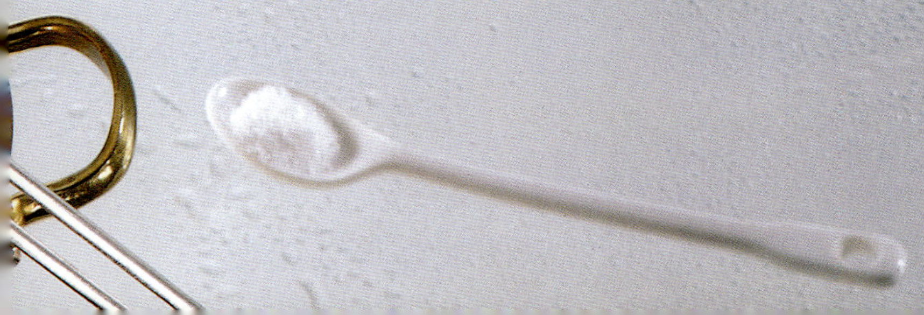

**Artischocken** sollen beim Einkauf eine frische, grüne Farbe aufweisen und dürfen keinen Lausbefall zeigen.
Frische Ware hält sich in der Gemüseschublade des Kühlschranks 3–4 Tage, im feuchten LIEBHERR-Biofresh-Fach sogar 3 Wochen.
Das Distelgewächs erfordert einen leichten, sandigen Boden und milde klimatische Bedingungen, die bei uns selten sind.
In unserer Region kommen wir deshalb kaum in Versuchung, Artischocken einzufrieren. Aber wenn Sie die Blütenknospen in großen Mengen aus dem Urlaub frisch mitbringen, dann verfahren Sie folgendermaßen: Nichteßbare Teile entfernen, gut waschen, dann die Artischocken mit ½ Teelöffel Ascorbinsäure 7 Minuten in 5 Liter Wasser oder je nach Größe 3–4 Minuten im Mikrowellengerät blanchieren.
Dazu keine Aluminiumtöpfe und -geräte nehmen, denn das Gemüse verfärbt sich dadurch. Später abgetropft, abgekühlt und in Gefrierbeutel verpackt maximal für 8 Monate ins Gefriergerät legen.

Gute, frische **Auberginen** fühlen sich fest an und haben eine glänzende lila oder weißlila Schale.
Heben Sie das Gemüse im Kühlschrank auf, hält es sich rund 14 Tage. Für das LIEBHERR-Biofresh-Fach ist es ungeeignet.
Zum Gefrieren waschen Sie die Auberginen und schneiden sie in 1 cm dicke Scheiben oder Würfel. Mit Ascorbinsäure 4 Minuten in Wasser blanchieren. In Eiswasser abkühlen, dann abtropfen lassen. In Gefrierdosen oder -beutel verpacken und für maximal 8 Monate in das Gefriergerät legen.
Auberginen können auch als fertig zubereitetes, gedünstetes Gemüse eingefroren werden. Unsere Tests mit Auberginen, die in Ausbackteig gewendet und fritiert, dann eingefroren wurden, verliefen sehr positiv. Sie halten sich wegen des Fettgehalts dann allerdings nur 2 Monate.

**Avocados** werden aus Israel, den Mittelmeerländern, Südafrika und Amerika importiert. Sie benötigen zum Gedeihen ein gleichmäßig warmes und feuchtes Klima. Je nach Sorte – es gibt über 400 – haben sie eine glänzende grüne oder lederartige braune Schale. Da sie druckempfindlich sind, werden sie unreif geerntet und transportiert. Sie schmecken aber nur im völlig ausgereiften Zustand.
Die Reife prüfen Sie durch Daumendruck, das Fleisch soll weich sein. Doch wird es durch diese Druckproben dunkel. Geben Sie unreife Avocados mit einem Apfel in eine Papiertüte und legen Sie sie in die warme Küche. Meistens reifen sie dann binnen 24 Stunden.
Reife Avocados können einige Tage im Kühlschrank bei über 6° C aufbewahrt werden. Die Lagerdauer hängt von der jeweiligen Sorte ab.
Da sich angeschnittene Avocados schnell verfärben, sollen sie immer erst unmittelbar vor dem Verzehr zubereitet werden.
Durch Zufügen oder Bepinseln mit Zitronensaft können Sie den Vorgang hinauszögern.
Die Frucht ist darum nicht besonders gefriergeeignet. Nur bei großen Überschüssen als Avocadomus, Guacamole, unter reichlicher Zugabe von Zitronensaft in randvoll gefüllten kleinen Gefrierdosen maximal 2 Monate einlagern.

**Blumenkohl** sollte festgeschlossene, weiße Röschen haben und natürlich frei von Raupenfraß sein. Schneiden Sie gleich die grünen Hüllblätter ab, denn der Kohl welkt dadurch nur schneller. In einem perforierten Kunststoffbeutel hält sich frischer Blumenkohl 4–5 Tage im Kühlschrank und bis zu 14 Tagen im feuchten LIEBHERR-Biofresh-Fach.
Zum Gefrieren zerteilen Sie den Kopf am besten in Röschen. Sie werden mit Ascorbinsäurezusatz von ½ Teelöffel auf 5 Liter Wasser 3 Minuten blanchiert und ebensolang in Eiswasser abgekühlt. Nach dem Abtropfen zunächst auf das LIEBHERR-Gefriertablett geben. Dann nach 12 Stunden am besten in Gefrierdosen oder -beutel verpacken und ohne Lufteinschlüsse gut verschließen.

**Bohnen** kommen als Brechbohnen, feine Kenyabohnen, breite Bohnen und Stangenbohnen in den Handel.
Erntefrische Bohnen halten sich 10 Tage im Kühlschrank. Im LIEBHERR-Biofresh-Fach ist es zu kühl für sie.
Brechbohnen haben vorzügliche Gefriereigenschaften. Sie werden nach dem Putzen, Waschen und Brechen 3 Minuten in Wasser blanchiert und ebensolang im Eiswasser gekühlt. Wichtig ist, daß das Gemüse gut auf Geschirrtüchern abtropft, ehe es in Gefrierbeutel oder -behälter gefüllt und eingefroren wird. So blanchierte Bohnen halten sich 12 Monate. Unblanchierte Bohnen müssen binnen 2 Monaten gegessen werden. Sehr gute Resultate erzielten wir, als wir die Ware erst 12 Stunden auf dem LIEBHERR-Gefriertablett eingefroren und danach endgültig verpackt haben. Kenyabohnen einzufrieren, lohnt nicht, da sie nie frisch genug sind. Breite Bohnen können für maximal 2 Monate nur unblanchiert eingefroren werden, sonst werden sie musig. Stangenbohnen sind sortenabhängig bedingt gefrierfähig. Geschnitten und unblanchiert werden sie für 2, blanchiert für 12 Monate gefroren.
Über die Aufbewahrungsmöglichkeiten von getrockneten Bohnenkernen orientieren wir Sie auf den Seiten 44 und 84.

**Brokkoli**, ein Verwandter des Blumenkohls, schmeckt gut und ist wegen seines hohen Vitamin-, Kalium- und Kalziumgehalts auch sehr gesund. Kaufen Sie feste, nicht erblühte dunkelgrüne Köpfe. Sie werden wie Blumenkohl für maximal 4–5 Tage im Kühlschrank und für höchstens 14 Tage im feuchten LIEBHERR-Biofresh-Fach aufgehoben.
Zum Gefrieren von Brokkoli aus dem eigenen Garten schneiden Sie die Stengelenden ab. Für längstens 2 Monate darf das Gemüse ohne vorheriges Blanchieren eingefroren werden. Aber wenn Sie das Gemüse länger, jedoch maximal 12 Monate, aufheben möchten, sollten Sie es mit Ascorbinsäurezusatz für 3 Minuten in kochendem Wasser blanchieren und 3 Minuten in Eiswasser abkühlen, dann abtropfen lassen. Den Brokkoli am besten zunächst auf dem LIEBHERR-Gefriertablett gefrieren und nach 12 Stunden in Gefrierdosen oder -beutel verpakken, dabei die Luft heraussaugen. Für Suppen können Sie das Gemüse auch sehr gut platzsparend im pürierten Zustand mit etwas Ascorbinsäure oder Zitronensaft in Gefrierdosen einfrieren. Brokkoli ist eines der beliebtesten Gefriergemüse.
Ein gutes Brokkolirezept finden Sie auf der Seite 121.

**Chicorée** sind die Blattknospen eines Rübengewächses. Nach der Ernte wird das dunkle Blattgrün von den Rüben geschnitten. Die Wurzeln treiben in abgedunkelten, feuchten und beheizten Räumen erneut aus. Die gebleichten Triebe sind sehr empfindlich und werden darum in mit blauem lichtundurchlässigem Papier ausgelegten Kartons verschickt.
Frischer Chicorée ist weiß mit zart gelben Spitzen und darf keine Fäulnisstellen aufweisen. Achten Sie auch nach dem Einkauf darauf, daß Ihr Chicorée nicht dem Tageslicht ausgesetzt wird, weil er sonst bitter wird. Darum für maximal 10 Tage in perforierten Kunststoffbeuteln in das Gemüsefach oder für höchstens 4 Wochen in das feuchte LIEBHERR-Biofresh-Fach legen.
Durch Gefrieren verliert der Chicorée seine knackige Konsistenz und kann danach nur als gedünstetes Gemüse serviert werden. Darum frieren wir ihn nur selten ein. Schneiden Sie das Gemüse in daumenbreite Scheiben und dünsten es 3 Minuten unter stetigem Rühren in wenig Öl mit etwas Zitronensaft. Abgekühlt verpakken und für längstens 12 Monate einfrieren.

**Dicke Bohnen**, auch **Sau-** oder **Große Bohnen** genannt, sind besonders schmackhaft, wenn sie klein sind. Heben Sie sie aber nicht länger als 4 Tage in der Gemüseschublade Ihres Kühlschranks oder maximal 8 Tage im feuchten LIEBHERR-Biofresh-Fach auf. Nach dem Enthülsen entweder sogleich zum Garen in kochendes Salzwasser geben – sonst bleiben die Schalen hart – oder in ein verschließbares Gefäß oder einen Beutel füllen, damit sie nicht austrocknen.
Die Gefriereigenschaften sind nach vorherigem 3–5minütigem Blanchieren von 500 g ausgepellten Bohnenkernen in 5 Liter kochendem Wasser mit ½ Teelöffel Ascorbinsäure vorzüglich. Anschließend ebensolang in Eiswasser abkühlen lassen. Nach dem Abtropfen am besten zunächst auf dem LIEBHERR-Gefriertablett für 12 Stunden gefrieren. Erst dann in Gefrierdosen oder -beutel geben. Die Lagerdauer beträgt dann 12 Monate.

**Erbsen** rangieren in der Beliebtheitsskala der Gemüse an einer der obersten Stellen. Da frische Erbsen zu 95 % von der Konserven- und Gefrierindustrie aufgekauft werden, kommen sie bei uns leider kaum in den Handel. Frische Erbsen halten sich 4–5 Tage im Kühlschrank und doppelt so lange im feuchten LIEBHERR-Biofresh-Fach. Einmal ausgepalt, müssen sie sogleich gegart oder in einen verschließbaren Behälter gegeben werden. Sonst trocknet die Oberfläche und die Erbsen werden hart.
Gartenbesitzer palen die überschüssige Ernte aus und frieren sie erfolgreich ein. Die Erbsen müssen in Portionen von 500 g mit ½ Teelöffel Ascorbinsäure 2 Minuten in 5 Liter sprudelndem Wasser blanchiert werden. Geben Sie sie dann für 2 Minuten in Wasser mit Eiswürfeln und lassen Sie sie sehr gut auf Geschirrtüchern abtropfen. Anschließend auf dem LIEBHERR-Gefriertablett für 12 Stunden gefrieren und in Gefrierdosen oder -beutel verpakken. Denken Sie an die Beschriftung. Gefriererbsen halten sich 12 Monate und sind später in wenigen Minuten gar. Unblanchierte Erbsen müssen innerhalb von 2 Monaten verzehrt werden.

**Fenchel** braucht zum guten Gedeihen einen feuchten und warmen Boden. Die weißen Knollen müssen rechtzeitig geschnitten werden, ehe sie holzig werden. Das typische Herbst- und Wintergemüse wird meistens aus Italien importiert.
Wenn Sie frische, fleckfreie Ware gekauft haben, können Sie das Gemüse etwa 10 Tage im Kühlschrank aufheben. Im feuchten LIEBHERR-Biofresh-Fach ist es sogar noch nach 21 Tagen appetitlich frisch.
Die Gefriereigenschaften sind sehr gut. Den Fenchel nach dem Putzen entweder halbieren, vierteln oder in kleinfingerdicke Scheiben schneiden. Wenn Sie Fenchel innerhalb von 2 Monaten verbrauchen, müssen Sie ihn nicht unbedingt blanchieren. Sonst mit Ascorbinsäurezusatz 3 Minuten in kochendem Wasser blanchieren und 3 Minuten in Eiswasser abkühlen. Anschließend sehr gut abtropfen lassen. Für 12 Stunden wird er auf dem LIEBHERR-Gefriertablett gefroren und dann in Gefrierdosen oder -beutel verpackt. Die Lagerdauer beträgt 10 Monate. Für die Zubereitung lesen Sie das Rezept auf Seite 121.

**Gemüsemischungen** können Sie entweder vor oder nach dem Gefrieren kombinieren.
Suppengrün ist eine klassische Mischung aus Möhren, Sellerie, Lauch und Petersilienwurzeln.
Die einzelnen Gemüsesorten werden wie üblich geputzt, gewaschen und zerkleinert. Wenn Suppengrün höchstens 6 Monate aufgehoben wird, verzichten wir auf den Blanchiervorgang. Legen Sie das Gemüse flach ausgebreitet auf das LIEBHERR-Gefriertablett und verpacken Sie es nach 12stündiger Gefrierzeit in Gefrierdosen oder -beutel.
Anregungen dafür, welche Gemüse sich gut miteinander kombinieren lassen, bekommen Sie, wenn Sie die Angebote industrieller Tiefkühlware von Supermärkten oder Heimgefrierdiensten studieren.

**Grünkohl** schmeckt erfahrungsgemäß erst nach dem ersten Frost. Er ist leider so voluminös, daß keine Hausfrau bereit ist, ihn längere Zeit frisch zu bevorraten.
Die Zubereitung ist sehr arbeitsintensiv. Deswegen raten wir, zu Beginn des Winters einen größeren Vorrat als Fertiggemüse wie gewohnt zuzubereiten, dies dann in familiengerechten Portionen in Gefrierdosen abzufüllen und einzufrieren. Einzelportionen in Gefrier-Kochbeutel geben. Wenn Sie die Fett- und Gewürzzugabe sparsam bemessen, hält sich das Gemüse 6–8 Monate.
Städter decken ihren Bedarf an Grünkohl meistens durch industrielle Gefrierware, die kaum Arbeit macht. Zum raschen Auftauen geben Sie die verschlossene Packung in ein Gefäß mit warmem Wasser und beschweren sie, damit sie unter Wasser liegt. Diese Methode bewährt sich auch für andere pürierte oder kleingehackte Gemüsesorten. Ein Rezept für TK-Grünkohl haben wir auf Seite 121 notiert.

**Gurken** müssen sich beim Einkauf fest anfühlen und halten sich, von Obst und Tomaten getrennt gelagert, 10–14 Tage in der Gemüseschublade des Kühlschranks. Ein Folienüberzug verhindert die Feuchtigkeitsabgabe. Als Fruchtgemüse sind sie nicht für die Biofresh-Lagerung geeignet.
Gurken eignen sich nur bedingt zum Gefrieren. Wenn Sie Gurken im Ganzen einfrieren wollen, müssen Sie sie ungeschält glacieren, so wie wir es auf Seite 67 beschreiben. Sie werden später während des Auftauens geschält und in Scheiben geschnitten, damit sie nicht zuviel Saft ziehen. Geschälte und in Scheiben geschnittene Gurken werden zunächst roh und unblanchiert auf dem LIEBHERR-Gefriertablett gefroren, dann verpackt. Die gefrorenen Scheiben tauen am besten in der Marinade auf. Gurken halten 6 Monate.

**Hülsenfrüchte** – Erbsen, Bohnen und Linsen – können im getrockneten Zustand 1 Jahr im Vorratsschrank aufgehoben werden.
Da sie zum Garen mindestens 1 Stunde brauchen, kochen Sie gleich eine größere Menge und frieren einen Teil ein. Die harten Umhüllungen werden durch den Gefrierprozeß weicher und dadurch leichter verdaulich. Füllen Sie die gegarten Hülsenfrüchte in haushaltsgerechten Portionen in Gefrierdosen ab und bedecken Sie sie mit dem Kochwasser.
Wenn Sie Kidneybohnen später als Zugabe für Salate nehmen wollen, sollten Sie die gegarten Bohnen erst sehr gut abtropfen lassen, auf dem Gefriertablett für 12 Stunden einfrieren und dann verpacken. Das hat den Vorteil, daß Sie die Bohnen auch portionsweise verbrauchen können.
Länger als 4 Monate sollten Sie gare Hülsenfrüchte nicht im Gefriergerät aufheben.

**Kartoffeln** heben Sie dunkel und kühl – am besten in einer Lattenkiste – ungefähr bei 6° C im Keller auf. Durch Lichteinfluß beginnen sie zu keimen. Wärme und Trockenheit läßt sie schrumpeln. Kleinere Vorräte können Sie natürlich auch in die Gemüseschublade Ihres Kühlschranks geben.
Zum Gefrieren sind Kartoffeln ungeeignet, es sei denn, Sie verarbeiten sie vorher. Sehr gute Erfahrungen machten wir mit Klößen aus rohen oder aus gekochten Kartoffeln. Auch Kartoffelbrei läßt sich sehr gut einfrieren. Er ist für Tellergerichte ideal, muß dann aber flach auf die Teller verteilt werden. Sonst wird später im Mikrowellengerät der Kern nicht heiß genug. Selbstgemachte Pommes frites lassen sich ebenfalls sehr gut einfrieren. Die übrigen Kartoffelgerichte, wie z.B. Kartoffelkroquetten, kaufen Sie am besten aus industrieller Fertigung.

Kartoffelgerichte generell sollten allerdings nicht länger als 3 Monate im Gefriergerät aufgehoben werden.

**Kohlrabi** brauchen während der Wachstumsperiode viel Wasser und müssen rechtzeitig geerntet werden, weil sie sonst holzig sind. Der Kauf ist darum immer eine Vertrauenssache. Entfernen Sie das Laub, ehe Sie die Knollen für maximal 1 Woche in den Kühlschrank oder für 2 Wochen in das feuchte LIEBHERR-Biofresh-Fach legen.
Wenn Sie Kohlrabi einfrieren möchten, schneiden Sie die geschälten Knollen in Stifte oder Würfel, so daß sie schnell durchfrieren. Sie können ohne vorheriges Blanchieren auf das LIEBHERR-Gefriertablett gelegt werden. Nach 12 Stunden wie gewohnt in Gefrierdosen oder -beutel verpacken und maximal 6 Monate aufheben. Wenn Sie Kohlrabi länger lagern möchten, müssen Sie sie in gewohnter Weise mit Ascorbinzusatz 2½–3 Minuten blanchieren und genau so lange in Eiswasser kühlen.

**Knoblauch** oder **Chnöbli** hält sich luftig in der Küche aufbewahrt etwa 3–4 Monate. Die Zehen sollen weiß und fest sein, dürfen nicht keimen, sonst schmecken sie bitter. Schimmelige Knollen müssen Sie unbedingt sofort vernichten. Wenn Sie häufig Brot aus frischgemahlenen Körnen backen, stecken Sie eine ganze Knoblauchknolle zwischen die ungemahlenen Körnervorräte, damit das Ungeziefer die Stelle meidet.
Im LIEBHERR-Biofresh-Fach können Sie die Knollen bei 70 % Feuchtigkeit für 6 Monate beinahe erntefrisch halten.
Zum Gefrieren schälen Sie am besten zunächst einen größeren Vorrat. Die Zehen entweder ganz, kleingehackt oder durchgepreßt in einem Gläschen mit Kunststoffdeckel für nicht länger als 6 Monate einfrieren. Knoblauch können Sie in gefrorenem Zustand durchpressen, er braucht nicht eigens aufgetaut zu werden.

**Kräuter** braucht ein guter Koch fast täglich. Auch wenn Sie keinen Garten haben, können Sie viele Kräuter auf dem Balkon oder der Küchenfensterbank züchten. Geschnittene Kräuter halten sich am besten, wenn Sie die Blättchen so bald wie möglich von den Stielen zupfen und nach dem Waschen auf Küchenkrepp trocknen, ohne dabei das Grün zu zerdrücken. Dann geben Sie die Kräuter mit Küchenkrepp in ein Schraubglas oder einen Kunststoffbeutel. Gut verschließen und 1 Woche im Kühlschrank aufheben. Im feuchten LIEBHERR-Biofresh-Fach halten sich frischgeerntete Kräuter oft 2 Wochen. Obschon sie durch Kälte ihr Aroma etwas einbüßen, werden sie auch gerne eingefroren. Schnittlauch schneiden Sie dafür zuvor in Röllchen. Petersilie können Sie zuvor hacken. Aber Sie können die Blättchen auch trokken und unzerkleinert in einen Gefrierbeutel geben. Wenn sie völlig durchgefroren sind, lassen sie sich durch mehrmaliges rasches Reiben mühelos fein zerkleinern; vorausgesetzt, die Temperatur beträgt dabei mindestens –22° C. Für unseren laufenden Gebrauch heben wir Gefrierkräuter in kleinen Gefrierdosen oder in Schraubgläsern mit rostfreien Kunststoffdeckeln auf.

Ein **Kürbis** ist fast immer zu groß: zum Tragen, zum Aufheben, zum Zubereiten und zum Essen. Und obendrein will die liebe Familie schon bald nichts mehr davon sehen. Als Gartenbesitzer haben Sie auf die Größe kaum Einfluß, beim Kauf suchen Sie immer ein kleines Exemplar aus.
Heben Sie Ihren Kürbis in der Küche, im Keller oder – wenn er nicht zu groß ist – im Obstfach des Kühlschranks auf und verarbeiten Sie ihn innerhalb 1 Woche, solange er gut duftet und nicht fault.
Gefrieren ist die einfachste Art, der Menge Herr zu werden. Befreien Sie das Fruchtfleisch von Kernen, Fasern und Schale. Dann würfeln Sie es grob und füllen es unter Zugabe von 4 Eßlöffeln Zitronensaft pro Kilo Fruchtfleisch in Gefrierdosen oder -beutel, die zuvor in Behälter geschoben wurden. Vermeiden Sie dabei Lufteinschlüsse. Durch das Gefrieren entsteht Kürbismus. Nach dem Auftauen geben Sie etwas Brühe, Zitronensaft, Weißwein, Gewürze und einen guten Schuß frischer süßer Sahne dazu. Dann erfreuen Sie Ihre Lieben mit einer köstlichen französischen Kürbiscremesuppe.

**Lauch** oder **Porree** soll beim Einkauf immer einen frischen Eindruck ohne welke Blätter machen. Die stark gefärbten Blattspitzen und Wurzeln schneiden Sie gleich nach dem Einkauf ab.
Im Gemüsefach hält sich Lauch 2–3 Wochen, im feuchten LIEBHERR-Biofresh-Fach bis zu 2 Monaten.
Lauch wird sehr gerne eingefroren. Wir erwähnten ihn bereits als Zutat für Suppengemüse. Wenn Sie ihn nicht länger als 6 Monate aufbewahren möchten, müssen Sie ihn nach dem Putzen und gründlichem Waschen nicht unbedingt blanchieren. In 5 Liter Wasser mit ½ Teelöffel Ascorbinsäure 4–5 Minuten blanchiert, wird die Haltbarkeit auf maximal 12 Monate verlängert. Außerdem können Sie auch fertig gedünsteten Lauch einfrieren. Sie dürfen ihn in dem Fall aber nur knapp garen und keinesfalls mit Mehl binden.

Frische **Maiskolben** von **Zuckermais** werden meist importiert und als Delikatesse angeboten. Sie können in warmen Sommern in Ihrem Garten auch Zuckermais selbst züchten. Lassen Sie die Kolben in den Blatthülsen, damit sie nicht trocken werden. So können Sie sie im Kühlschrank bei über 6° C 1 Woche und im feuchten LIEBHERR-Biofresh-Fach bis zu 3 Wochen bis zum Verzehr aufheben.
Nur wenn Sie die Kolben selbst züchten, lohnt sich das Gefrieren, denn die Handelsware ist zu teuer und nicht frisch genug. Die Kolben müssen nach dem Entlauben je nach Größe 5–8 Minuten in 5 Liter Wasser mit ½ Teelöffel Ascorbinsäure blanchiert, anschließend 8 Minuten in Eiswasser gekühlt und sehr gut getrocknet werden. Wir verpakken sie meistens in Gefrierbeutel.
Im Einzelhandel gibt es aus den USA und den Balkanländern importierte tiefgekühlte **Maiskörner**, die eine vorzügliche Zutat für Aufläufe, Mischgemüse und Salate sind. Davon sollten Sie immer einen kleinen Vorrat im Haus haben.

**Meerrettich** oder **Kren** können Sie gerieben und leider fast immer geschwefelt in Gläschen kaufen. Die frisch geriebenen Wurzeln schmecken aber sehr viel besser. Eine Wurzel reicht für viele Mahlzeiten. Selbst wenn Sie sie mit Alufolie umwickelt in das Gemüsefach ihres Kühlschranks legen, verliert sie bald Feuchtigkeit, schrumpft und läßt sich nicht mehr gut reiben. Das verhindern Sie durch Einlagerung ins feuchte LIEBHERR-Biofresh-Fach, wo die Wurzeln sich über 1 Jahr hervorragend halten.
Zum Einfrieren müssen Sie die Wurzeln vor dem Gefrieren reinigen, damit sie in gefrorenem Zustand gerieben werden können. Stattdessen können Sie auch erst den ganzen Meerrettich reiben und mit reichlich Zitronensaft in einem Schraubglas mit nichtrostendem Kunststoffdeckel einfrieren. Nicht länger als 6 Monate aufheben. Unsere Hinweise für gefrorene Meerrettichsahne finden Sie auf Seite 31 und 32.

**Möhren** und die kleinen kugelrunden **Karotten** müssen unmittelbar nach dem Einkauf vom Laub befreit werden, damit sie nicht so rasch welken. Für die kurzfristige Lagerung legen Sie die Möhren für 2–3 Wochen ins Gemüsefach Ihres Kühlschranks. Im feuchten LIEBHERR-Biofresh-Fach halten sie sich je nach Sorte bis zu 5 Monaten.
Zum Gefrieren sind Möhren ideal. Sie werden geputzt und in Scheiben, Stifte oder Würfel geschnitten. Für Rohkost können sie außerdem grob oder fein geraffelt und auf dem Gefriertablett für 3 Monate ohne vorheriges Blanchieren eingefroren werden. Wenn Sie das Gemüse länger als 3 Monate gefrieren wollen, müssen Sie die zerschnittenen Möhren in kochendem Wasser, je nachdem, wie sie zerkleinert wurden, 2½–3 Minuten blanchieren und genau so lange in reichlich Wasser mit Eiswürfeln abkühlen. Dann auf Geschirrtüchern abtropfen lassen und ohne Lufteinschlüsse in Gefrierdosen oder Gefrierbeutel geben, die in Behälter gesteckt werden. Sie halten sich 10 Monate.

**Paprikaschoten** werden je nach Sorte und Reifungsgrad grün, gelb, orange, rot oder schwarz, länglich oder plattrund angeboten. Die Schale soll beim Einkauf prall und glatt, die Stiele sollen knackig sein. Achten Sie dabei auf Fäulnisstellen.
Frische Paprika legen Sie für etwa 3 Wochen ins Gemüsefach des Kühlschranks. Für das Fruchtgemüse eignet sich die Biofresh-Lagerung nicht.
Die Gefriereigenschaften sind vorzüglich. Paprika können nach dem Putzen und Waschen entweder zerkleinert oder als ganze Schoten – am besten zunächst auf dem LIEBHERR-Gefriertablett – eingefroren werden. Paprikaschoten müssen – schon allein wegen ihres starken Aromas – immer sehr sorgfältig verpackt werden: in Gefrierdosen, -beutel oder Gefrierbeutel, die zuvor in Behälter gesteckt wurden. Bei der letztgenannten Methode können Sie später die Behälter entfernen; das Gemüse läßt sich gut stapeln. Obschon sie nach dem Auftauen nicht mehr knackig sind, eignen sich die rohen Paprika für Salate. Unblanchiert halten sie sich bedenkenlos 6 Monate, wenn für 2–3 Minuten blanchiert sogar 1 Jahr. Außerdem können Sie Paprikagemüse als Fertiggericht für 3 Monate einfrieren.

**Pilze** enthalten leicht verderbliches Eiweiß. Bereiten Sie sie darum recht bald nach dem Einkauf zu. Den Frischegrad erkennen sie am besten an den Stielen. Die sollten bei Champignons beispielsweise genau so weiß wie die Kappen aussehen.
Sehr frische Pilze können Sie 1 oder 2 Tage im Gemüsefach Ihres Kühlschranks und für 6–7 Tage im feuchten LIEBHERR-Biofresh-Fach aufheben. Früher haben wir die Pilze vor dem Einfrieren blanchiert oder gedünstet. Diese Methoden sind überholt. Nach heutigen Erkenntnissen verfahren Sie am besten so: Die Pilze gut reinigen, also Wurzelenden, schlechte Stellen und grobe Lamellen entfernen. Nur wenn nötig waschen, dann gut trocknen. In 0,5 cm dicke Scheiben schneiden oder vierteln und mit Zitronensaft, der mit der doppelten Menge Wasser verdünnt wurde, allseitig benetzen. Auf das LIEBHERR-Gefriertablett ausbreiten und für 12 Stunden einfrieren. Anschließend in Gefrierdosen, -beutel oder Gefrierbeutel in Behältern verpacken und sogleich wieder in das Gefriergerät geben. So halten sie sich 6 Monate.

**Radieschen** und **Rettiche** müssen straff und glänzend aussehen, wenn Sie sie kaufen. Auch das frische Grün ist ein untrügliches Merkmal für Frische. Wir haben Ihnen schon in unserer Einleitungsgeschichte erzählt, daß ausreichend gewässerte Radieschen nicht holzig sind und daß das Grün sogleich entfernt werden muß.
Für 1 Woche können Sie die Radieschen, frisch gewaschen und mit einem Stück Küchenkrepp in ein Schraubglas gepackt, bedenkenlos in der Gemüseschublade Ihres Kühlschranks aufheben. Rettiche stecken Sie ihrer Größe wegen in einen Kunststoffbeutel, der mit einem Gummiband oder Gefrierclip verschlossen wird. Im LIEBHERR-Biofresh-Fach haben wir Radieschen 2 Wochen gelagert und konnten keinen Unterschied zu frisch gekauften feststellen.
Gefrierfähig sind aber weder Radieschen noch Rettiche.

**Rosenkohl** soll pralle, feste und gleichmäßig große Köpfchen ohne welke Blätter haben. Bei unterschiedlicher Größe garen sie ungleichmäßig.
Geben Sie das Gemüse in einem perforierten Kunststoffbeutel für maximal 10 Tage in den Kühlschrank. Im feuchten LIEBHERR-Biofresh-Fach behält es dagegen 1 Monat seine Frische.
Zum Gefrieren werden die Röschen geputzt und in Portionen von 500 g in jeweils 5 Liter kochendem Wasser blanchiert. Je nach Größe dauert das 3–4 Minuten und genau so lange sollen die Kohlköpfchen vor dem Trocknen in Wasser mit Eiswürfeln abkühlen. Wir raten dazu, das Gemüse zunächst auf dem LIEBHERR-Gefriertablett zu gefrieren. Anschließend verpacken Sie das Gemüse wie gewohnt in Gefrierdosen oder -beutel, die in Behälter gesteckt wurden. Ohne Lufteinschlüsse verschließen, beschriften und sogleich weiter gefrieren. Vor der nächsten Ernte – 10 Monate später – sollte der Kohl verbraucht sein.

**Rote Bete** oder **Randen** werden im Sommer mit frischem Grün, ab August nur noch mit den Wurzeln angeboten. Wenn Sie das Gemüse später kochen wollen, suchen Sie wegen des gemeinsamen Garzeitpunkts gleich große Exemplare aus. Das frische Grün entfernen Sie sogleich, denn sonst wird das Gemüse schnell welk. Sommerliche Rote Bete können Sie im Gemüsefach des Kühlschranks 10 Tage und im LIEBHERR-Biofresh-Fach 1 Monat aufheben. Winterware ist hingegen 1 Monat im Kühlschrank und 3–4 Monate im LIEBHERR-Biofresh-Fach haltbar.
Geschälte, roh geraffelte Rote Bete für Rohkost können Sie auf dem mit Alufolie belegten LIEBHERR-Gefriertablett vorgefrieren und dann für 2 Monate einfrieren. Sie können die ungeschälten, gut gewaschenen Rüben auch in reichlich Wasser knapp garen. Abgeschreckt und abgekühlt schälen, entweder in Scheiben oder Würfel schneiden oder grob reiben und auf dem Gefriertablett 12 Stunden vorgefrieren. Mit geringem Essig- oder Zitronensaftzusatz in Gefrierdosen, -beutel oder Gefrierbeutel in Behältern geben. Dabei Lufteinschlüsse vermeiden. Nach dem Verschließen und Beschriften sofort für höchstens 8 Monate einlagern.

**Rotkohl** oder **Blaukraut** soll sich beim Einkauf fest anfühlen. Dann ist er langsam gewachsen, schmackhaft und hat nach der Zubereitung eine appetitlich dunkle Farbe. Legen Sie ihn für 2–3 Wochen in die Gemüseschublade Ihres Kühlschranks. Einmal angeschnitten, müssen Sie die Schnittfläche durch Klarsichtfolie vor Austrocknen schützen. Im LIEBHERR-Biofresh-Fach können Sie Rotkohl gut 3 Monate aufbewahren.
Nur wenn Sie den Kohl später als Salat essen möchten, sollten Sie ihn vor dem Gefrieren im gehobelten Zustand jeweils 4 Minuten mit 2 Eßlöffeln Essig und 5 Liter Wasser blanchieren. Nach dem Abtropfen auf dem Gefriertablett vorgefrieren. Wenn Sie Rotkohl später als Gemüse essen möchten, kochen sie eine große Portion schwach gewürzten Rotkohl fix und fertig. Gefrieren Sie das Gemüse in Portionen von maximal 1 Liter ein. Wenn Sie sparsam mit Fett umgehen, ist der Rotkohl 4 Monate haltbar. Mehrfache Zubereitungs- und Kochzeit dauert sonst lang. Lassen Sie das Gemüse möglichst über Nacht langsam im Kühlschrank auftauen. Beim raschen Auftauen im Wasser sollten Sie das Gefäß beschweren, um schneller zum Ziel zu kommen.

**Salat** – wir meinen damit hier Blattsalate wie Batavia, Endivien, Eichblatt, Eis- oder Krachsalat, Feld- oder Nüsslisalat, Kopfsalat und römischen Lattich – soll beim Einkauf frei von Erde und Schneckenfraß sein. Das ist bei schmackhafter Freilandware bisweilen schwierig. Darum müssen Sie Ihren Salat oft zunächst grob säubern. Dann legen Sie ihn – ohne zu drücken – in einen Kunststoffbeutel in die Schublade Ihres Kühlschranks, nie neben Obst. Er muß in der Regel innerhalb von 2–3 Tagen gegessen werden. Eissalat hält sich länger.

*Unser Tip:*
*Wenn Sie geputzten Salat für den folgenden Tag aufbewahren möchten, geben Sie die Blätter mit einem Stück Küchenkrepp in einen Kunststoffbeutel, den Sie gut verschließen, sogleich unten in den Kühlschrank.*

Im LIEBHERR-Biofresh-Fach bleibt Salat – je nach Sorte – bis zu 20 Tagen knackig frisch. Wenn Salatblätter unter 0° C gekühlt werden, bekommen sie einen Schock und fallen zusammen. Darum Salat niemals einfrieren.

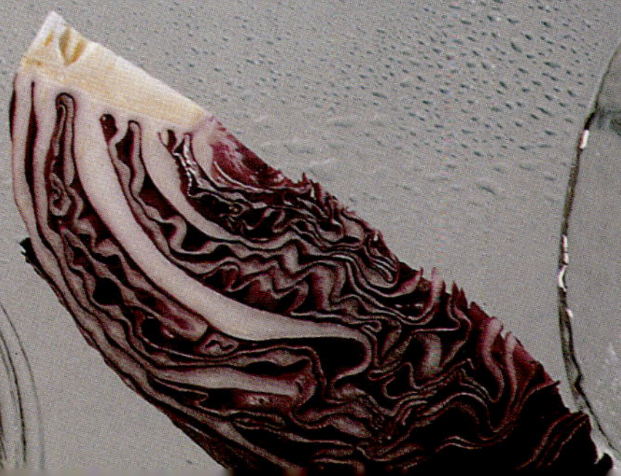

**Schwarzwurzeln** putzen Sie am schnellsten mit dem Spargelschäler. Kaufen Sie darum nicht die ganz dünnen Stangen, die machen zuviel Arbeit. Damit sie sich nach dem Schälen nicht dunkel verfärben, legen Sie sie sogleich in Essigwasser, dem Sie etwas Mehl beigeben.
Im Kühlschrank können Sie die rohen Wurzeln in einem Kunststoffbeutel etwa 3 Wochen aufheben. Im LIEBHERR-Biofresh-Fach bleiben sie 3–5 Monate frisch.
Schwarzwurzeln lassen sich sehr gut einfrieren. Wie zuvor beschrieben die Wurzeln reinigen, in Stücke schneiden und je nach Stärke 4–5 Minuten in 5 Liter kochendem Wasser mit ½ Teelöffel Ascorbinsäure blanchieren. Genau so lange in Eiswasser abkühlen lassen, dann auf einem Geschirrtuch trocknen. Zunächst auf das LIEBHERR-Gefriertablett geben und 12 Stunden später das Gemüse in Gefrierdosen, -beutel oder Gefrierbeutel, die zuvor in Behälter gesteckt wurden, einschichten. Sogleich verschließen, beschriften und für maximal 10 Monate in das Gefriergerät geben.

**Sellerieknollen** müssen Sie beim Einkauf kritisch anschauen. Sie sollen sich schwer anfühlen, dann sind sie innen nicht hohl. Sie sollten eine glatte Oberfläche haben, damit sie sich gut schälen lassen. Legen Sie die frische Knolle in das Gemüsefach Ihres Kühlschranks. Dort hält sie sich rund 2 Wochen. Einmal angeschnitten muß die Schnittfläche mit Klarsichtfolie geschützt werden. Danach sollten Sie das Gemüse aber bald verbrauchen. 4–5 Monate können Sie den Sellerie im LIEBHERR-Biofresh-Fach lagern.
Geschält und roh gerieben können Sie Sellerie wie Möhrenrohkost (s. S. 47) einfrieren, aber Sie müssen das Gemüse mit sehr viel Zitronensaft beträufeln, weil es sonst unansehnlich wird. Für Suppengrün ist es unentbehrlich. Außerdem wird Sellerie im Ganzen gegart, geschält, in Scheiben, Stifte oder Würfel geschnitten und wie Rote Bete (s. S. 49) in Gefrierbeutel oder -dosen eingefroren. Im Gegensatz zur nur 2-monatigen Haltbarkeit der Rohkost können Sie gegarten Sellerie 8 Monate aufheben.

**Spargel** ist am besten, wenn er dick, aber nicht holzig, weiß, also ohne grüne Spitzen, und tagesfrisch gestochen ist. Den Frischegrad erkennen Sie am frischen Stiel ohne Verfärbungen und am guten Geruch. Da das Gemüse sehr wasserhaltig ist, muß es bald verbraucht werden. Legen Sie den Spargel in ein angefeuchtetes Stück Küchenkrepp gewickelt für höchstens 3 Tage in die Gemüseschublade Ihres Kühlschranks. Frisch gestochen hält sich Spargel im LIEBHERR-Biofresh-Fach bei der für ihn idealen Temperatur zwischen 0° und +2° C 2 Wochen. Spargel sollte nicht mehr im Haushalt in Gläsern sterisiliert werden.
Früher haben wir Spargel vor dem Einfrieren blanchiert und konnten ihn dann zwar länger aufheben, doch war die Qualität nie befriedigend.
Zum Gefrieren schälen wir die Stangen und legen sie jetzt so rasch wie möglich ohne vorheriges Blanchieren auf das LIEBHERR-Gefriertablett. Nach 12 Stunden Gefrierzeit geben Sie den Spargel in rechteckige Gefrierdosen passender Größe. Unblanchierter Spargel kann 6 Monate gelagert werden. Er wird gefroren in das Kochwasser gegeben und darf nur kurz gegart werden, damit er nicht schlapp wird.

**Spinat** und **Mangold** sind ziemlich voluminöse Blattgemüse. Aus diesem Grund, und weil der Vitamingehalt nach der Ernte rapide sinkt, ist es sinnvoll, das Gemüse am Tag des Einkaufs zuzubereiten. Dennoch, im LIEBHERR-Biofresh-Fach können Sie das Gemüse je nach Sorte maximal 14 Tage aufbewahren.
Industriell tiefgekühlter Spinat – 85 % der deutschen Ernte – wird in vielen Variationen zu günstigen Preisen angeboten. Darum steht er von allen Tiefkühlgemüsen an erster Stelle.
Spinat selbst einzufrieren, lohnt sich nur, wenn Sie überschüssiges Gemüse im eigenen Garten ernten. Dafür dürfen Sie maximal 200 g geputzten Spinat auf einmal in 5 Liter sprudelndem Wasser blanchieren. Vor dem Verpacken gut abtropfen lassen. Wahlweise in Gefrierdosen, -beutel oder Gefrierbeutel in Behältern geben. Denken Sie dabei an die Größe der Familie. Denn einmal aufgetauter Spinat muß sofort konsumiert und darf nicht noch einmal aufgewärmt werden. Das gilt auch für Industrieware. Die Haltbarkeit von Gefrierspinat beträgt 10 Monate.
Mangold wird ebenso behandelt.

**Staudensellerie** oder **Bleichsellerie** schmecken ähnlich wie Knollensellerie. Das Gemüse ist in Skandinavien, den Mittelmeerländern und den USA schon lange sehr beliebt. In Mitteleuropa erobert es sich gegenwärtig im Eiltempo den Markt. Die Stiele sollen lichtgrün und knackig frisch sein. Legen Sie den Staudensellerie für höchstens 1 Woche in das Gemüsefach Ihres Kühlschranks und für maximal 1 Monat in das LIEBHERR-Biofresh-Fach.
Staudensellerie können Sie zwar gefrieren, dann ist er aber nicht mehr zum Rohgenuß geeignet. Garen Sie die geputzten, kleingeschnittenen Stiele etwa 10 Minuten in wenig Wasser mit dem Saft von einer Zitrone. Nach dem Abkühlen füllen Sie das Gemüse in Gefrierdosen oder in Gefrierbeutel, die zuvor in Behälter gesteckt wurden und frieren es ein. Nach dem Auftauen können Sie Staudensellerie warm als Gemüse oder zu Suppen verarbeiten. Staudensellerie soll nicht länger als 8 Monate im Gefriergerät aufgehoben werden.

**Steckrüben**, in einigen Landstrichen auch **Wruken** genannt, sind sehr lange haltbar. Das typische bäuerliche Wintergemüse hält sich im Kühlschrank oder im kühlen, feuchten Keller, selbstverständlich auch im feuchten LIEBHERR-Biofresh-Fach, 4 Monate.
Wenn eine Rübe für Ihre Familie zuviel ist, sollten Sie sie dennoch gleich vollständig zubereiten. Doch bemessen Sie die Gewürze und Garzeit knapp und füllen Sie rechtzeitig die überschüssigen Portionen zum Gefrieren in Gefrierdosen passender Größe. Wenn Sie sparsam mit der Fettzugabe waren, können Sie das Gemüse für maximal 4 Monate in Ihr Gefriergerät einlagern.

**Tomaten** gibt es in unterschiedlichen Formen und Sorten das ganze Jahr über frisch. Die vor Gurken und Kohl im Gemüseverbrauch an erster Stelle stehenden Früchte reifen im Freiland oder Gewächshaus.
Unreife Tomaten dürfen nie unter 15° C gelagert und nie grün gegessen werden. Sie reifen schneller, wenn sie mit einigen Äpfeln in eine Papiertüte gesteckt, in die Küche gelegt werden.
Reife Tomaten heben wir in der Küche auf oder höchstens 1 Woche im Gemüsefach – nicht neben Gurken oder Zucchini! Tomaten sollen nicht ins Biofresh-Fach gelegt werden.
Nach dem Einfrieren sind Tomaten nicht für den Rohgenuß geeignet, weil sie ihre feste Struktur verlieren. Schälen Sie die Tomaten nach 1minütigem Blanchieren in kochendem Wasser. Kleinere Mengen können Sie auch für knapp 1 Minute im Mikrowellengerät erhitzen und dann schälen. Anschließend ganz oder zu Mus püriert in Gefrierdosen oder -beutel, die in Behälter gesteckt wurden, füllen. Gut verschließen, beschriften und einlagern. Sie halten sich 12 Monate. Für Suppen, Soßen und Aufläufe sind die eingefrorenen Tomaten oder das Mus praktisch.
Reste von industriellem **Tomatenmark** können in kleinen Gefrierdosen eingefroren werden.

**Weißkohl** oder **Kappes** und **Spitzkohl** dürfen beim Einkauf keine fauligen Stellen aufweisen. Diese Kohlarten werden wie Rotkohl (s. S. 49) aufgehoben: maximal 3 Wochen im Kühlschrank oder 5 Monate im LIEBHERR-Biofresh-Fach. Denken Sie daran, die Schnittflächen um Kohlköpfen stets durch Klarsichtfolie zu schützen, damit sie nicht austrocknen.
Meistens ist der Gefrierraum für dieses Gemüse zu schade, so daß eine Bevorratung im großen Umfang selten in Betracht kommt. Wir empfehlen darum lediglich, Reste von frischgeschnittenem Kohl auf dem Gefriertablett für 12 Stunden einzufrieren, sie dann sorgfältig zu verpacken und binnen 2 Monate für Salat oder Gemüse zu verbrauchen. Außerdem können Sie fertig zubereitetes Gemüse – auch Reste – für maximal 2 Monate gefrieren.
Frisches **Sauerkraut** aus dem Faß, aus dem Sie vitaminreiche Rohkostsalate oder die üblichen Gerichte zubereiten, können Sie ebenfalls für 6 Monate gefrieren. Beim Sterilisieren wird der größte Teil der Vitamine zerstört.

**Wirsing** oder **Savoyer Kohl** soll beim Kauf frisch grün aussehen und darf keinen Raupenbefall zeigen. Heben Sie ihn wie die übrigen Kohlarten nicht länger als 2 Wochen im Kühlschrank oder 3 Wochen im LIEBHERR-Biofresh-Fach auf. Beim Kochen sollten Sie die dunkelgrünen Blätter möglichst mitverwerten, denn sie enthalten sehr viel Vitamine und Ballaststoffe.
Wirsing wird beim Gefrieren wie Weißkohl behandelt. Da Wirsingrohkost nicht besonders gut schmeckt, verzichten wir darauf, ihn als Rohgemüse einzufrieren. Wie bei allen Fertiggerichten sollen Sie beim Zubereiten von Wirsinggemüse fürs Gefrieren sparsam mit Gewürzen und Fett umgehen. Sonst kann die Haltbarkeit von 2 Monaten nicht garantiert werden. Die Portionen zum Gefrieren immer auf die Haushaltsgröße abstimmen.

**Zucchini** oder **Gourgettes** müssen jung geerntet werden, dann haben sie das beste Aroma. Suchen Sie sich immer die kleinsten Früchte mit fester Struktur aus. Im Kühlschrank können Sie sie bei 10° C – nie neben Tomaten oder Äpfeln – 2 Wochen aufheben. Als Fruchtgemüse sollen sie nicht in das LIEBHERR-Biofresh-Fach gelegt werden. Zucchini lassen sich vorzüglich gefrieren, verlieren dabei aber ihre feste Struktur. Wenn Sie das Gemüse nur höchstens 2 Monate im Gefriergerät aufheben wollen, brauchen Sie es nicht zu blanchieren. Sonst nach dem Waschen, Putzen und Zerkleinern je nach Größe der Zucchinistücke in 5 Liter kochendem Wasser mit ½ Teelöffel Ascorbinsäure 3–4 Minuten blanchieren. Anschließend müssen Sie das Gemüse ebensolang in reichlich Wasser mit Eiswürfeln abkühlen und auf Geschirrtüchern trocknen lassen. Nun entweder zunächst auf dem Gefriertablett vorgefrieren und nach 12 Stunden endgültig verpacken oder sogleich in Gefrierdosen oder -beutel einschichten. Sie halten sich 8 Monate.

**Zuckererbsen** werden auch **Zuckerschoten, Schotenerbsen** oder **Kefen** genannt. Die Franzosen nennen sie **»Mangetout«**, das heißt »Iß alles«. Das feine Gemüse ist leider ziemlich kostspielig. Kaufen Sie darum nur pralle, glänzende Schoten, denn diese sind frisch. Frische Zuckererbsen halten sich 4 Tage in der Gemüseschublade des Kühlschranks und 10 Tage im feuchten LIEBHERR-Biofresh-Fach.
Im Hinblick auf die Gefriereignung haben sie eine Spitzenposition. Es lohnt aber nur bei frischgeernteten Schoten. Nach dem Waschen und Putzen müssen Sie die Zuckererbsen genau 2 Minuten in 5 Liter kochendem Wasser mit ½ Teelöffel Ascorbinsäure blanchieren und anschließend sofort in reichlich Wasser mit Eiswürfeln 2 Minuten abkühlen. Dann breiten Sie die Schoten zum Trocknen auf Geschirrtücher aus und legen sie danach auf das Gefriertablett. Nach 12 Stunden werden sie in Gefrierdosen oder -beutel, die in Behälter gesteckt wurden, umgepackt und nach dem Verschließen beschriftet. Sie halten sich 12 Monate und sind ideal für asiatische und auch andere feine Gemüsemischungen.

**Zwiebeln** werden als frische Frühlingszwiebeln mit grünem Laub für den baldigen Verbrauch und weiß, rot oder braun als getrocknete Lagerware verkauft. Das Grün der frischen Zwiebeln müssen Sie schnell verwerten. Die restlichen Zwiebeln mit den weißen Stengeln legen Sie in perforiertem Kunststoffbeutel höchstens 1 Woche in das Gemüsefach des Kühlschranks oder für maximal 14 Tage in das feuchte LIEBHERR-Biofresh-Fach. Die übrigen lagerfähigen Speisezwiebeln werden ebenfalls entweder in der Gemüseschublade, im höchstens 70 % feuchten LIEBHERR-Biofresh-Fach oder lichtgeschützt im durchlöcherten Tontopf in der Küche aufbewahrt.
Gewürfelt oder in Ringe geschnitten können Sie kleinere Zwiebelvorräte roh auf dem Gefriertablett für 12 Stunden einfrieren und anschließend verpacken. Sie müssen binnen 2 Monaten verbraucht sein und sind für die schnelle Küche eine praktische Zutat.

# Fleisch, Innereien und Brühe

Die Kühlhaltebox von LIEBHERR, der praktische Begleiter für Einkauf, Freizeit und Reise.

**Fleisch** und **Innereien** verderben als eiweißreiche Nahrungsmittel sehr rasch. Der Verzehr von verdorbenem Eiweiß kann ernsthafte Folgen haben.

*Darum: In Zweifelsfällen ist es sinnvoller, diese Nahrungsmittel zu vernichten, als den Konsum von möglicherweise verdorbenem Fleisch oder Wurst zu riskieren.*

Je kleiner das Fleisch ist, um so schneller verdirbt es, denn Sauerstoff und Mikroben haben eine entsprechend größere Angriffsfläche. Darum muß Hackfleisch kühl aufbewahrt und unbedingt binnen 24 Stunden nach der Zerkleinerung in der Küche verarbeitet werden. Einzelne Koteletts verderben rascher als ein ganzer Schweinerücken. Wärme beschleunigt diesen Prozeß. Darum dürfen Fleisch und Fleischwaren bei brütender Sommerhitze nicht lange transportiert werden oder im Auto liegen, sondern sollten sobald wie möglich nach dem Einkauf kühl gelagert werden. Nehmen Sie darum für Großeinkäufe die tragbare LIEBHERR-Kühlhaltebox mit einem Kälteakku mit.

Vor dem Verzehr muß Fleisch allerdings **reifen.**
Ein guter Metzger läßt die großen Fleischstücke bei zirkulierender Luft entsprechend lange hängen. Das Fleisch verliert dabei aber an Gewicht. Das bedingt später den höheren Preis von zartem, gereiftem Fleisch. Wenn Sie beim Fleischer Stammkunde sind, werden Sie oft besser bedient, denn der Chef weiß, welche Stücke gut abgelagert sind.
In Supermärkten wird das Fleisch meistens preiswerter, aber zu frisch verkauft. Wir erkennen das an der frisch-roten Farbe, dem schnell austretenden Fleischsaft und später beim Zubereiten daran, daß es in der Pfanne, dem Topf oder Ofen stark einschrumpft und zäh bleibt.
Schweine-, Lamm- oder Hammelfleisch brauchen bei Temperaturen von 0° – +2° C etwa 3–7 Tage zum Reifen. Bei höheren Temperaturen reift Fleisch zwar schneller, verdirbt aber auch umso rascher. Für Kalbfleisch und lang garendes Rindfleisch junger Tiere rechnen wir rund 6–14 Tage, bei Rindfleisch von alten Tieren oder solchem zum Kurzbraten kalkulieren wir Reifungszeit bis zu 21 Tagen bei 0° – 2° C.

Vakuumverpacktes neuseeländisches oder argentinisches Fleisch reift während der Fracht. Fleisch aus diesen Ursprungsländern wird entsprechend deklariert. Gefrorenes neuseeländisches Fleisch hat vor dem Einfrieren keinen Reifungsprozeß durchgemacht. Den sollten Sie daher nach dem Auftauen so gut wie möglich nachholen. Auch dieses Fleisch wird speziell ausgezeichnet.

Der anspruchsvolle Feinschmekker disponiert aus erwähnten Gründen rechtzeitig seine Einkäufe. Grundsätzlich müssen Sie zunächst das Fleisch der Verkaufsverpackung entnehmen. Dann benetzen Sie es rundherum leicht mit Öl, um das Austrocknen zu verhindern. Wer will, kann es zusätzlich mit Kräutern, Gewürzen und eventuell Knoblauch oder Zwiebeln einreiben. Fleisch wird immer erst unmittelbar vor oder während der Zubereitung gesalzen, also nie vor dem Reifen oder Gefrieren. Salz entzieht Feuchtigkeit, das Fleisch würde dadurch trocken werden. Nun stellen Sie das vorbereitete Fleisch in einer Schüssel passender Größe abgedeckt in das unterste Fach des Kühlschranks. Dort kann es je nach Fleischart 2–7 Tage nachreifen.

Auch Fleisch, welches Sie noch am gleichen Tag zubereiten, gehört sogleich nach dem Einkauf in den Kühlschrank.
Rindfleisch für Sauerbraten geben wir heute nur mit etwa ¼ Liter **Beize** in eine Tupperware-Schüssel oder in einen anderen vakuumverschließbaren Kunststoffbehälter oder in einen Gefrierbeutel, den wir mit einem Gefrierclip verschließen. In den Kühlschrank geben und täglich wenden. Nach 3–7 Tagen wird es geschmort. Bei dieser Methode wird die Beize auf ein Viertel der sonst üblichen Menge reduziert. Das Fleisch wird trotzdem von Säure und Gewürzen durchzogen und mehr benötigen wir zum Abschmecken der Soße nicht.

Durch die Lagerung von Frischfleisch im LIEBHERR-Biofresh-Fach bei maximal 40 % Luftfeuchtigkeit wird die Haltbarkeit von Fleisch im Durchschnitt verdoppelt. Auch hier gilt, daß große Braten sich besser als Schnitzel, Steaks oder Koteletts halten. Wie auf Seite 1[illegible] beschrieben, werden die einzelnen Fleischsorten, jeweils für sich getrennt, lose verpackt in das Fach gelegt. Das Fleisch reift und trocknet bei dieser Lagerung bei geringer Luftfeuchtigkeit nicht aus, besonders wenn es vorher geölt und gewürzt wird. Dabei aber auf Salz verzichten. Höhere Luftfeuchtigkeit einzustellen, ist ungünstig.

Zum **Einfrieren** muß das Fleisch zunächst unbedingt aus der Verkaufspackung genommen werden. Dann lassen Sie es – wie wir auf Seite 54 beschrieben haben – im Kühlschrank reifen. Die vorherige Reifedauer ist in dem Fall aber kürzer. Durch das Gefrieren werden die Zellwände gelockert, das Fleisch wird zarter und gart später – um etwa 30 % – schneller als Frischfleisch.
Einmal gefrorenes Fleisch kann nach dem Auftauen nie mehr so gut nachreifen wie frische Ware. Darum erst nach dem Reifen in familiengerechte Portionen verpacken, sorgfältig beschriften und gefrieren.
Da einmal aufgetautes Fleisch sehr rasch verdirbt, weisen wir immer wieder darauf hin, vor dem Gefrieren die mutmaßliche Portionsgröße zu bestimmen.

Zum **Verpacken** von Fleisch bewähren sich Gefrierbehälter und -beutel unterschiedlicher Größen. Für große Mengen nach dem Schlachtfest werden praktische und preiswerte verschweißbare Schlauchware aus Kunststoff-Folie oder extra-starke Alufolie bevorzugt.

*Wichtig:* Versäumen Sie nie, das verpackte Fleisch mit der Sorte und dem Gefrierdatum zu **kennzeichnen.** Es ist wirklich schwer, gefrorenes Gulaschfleisch von Filet und Schweinefleisch von Kalbfleisch zu unterscheiden.

Leider begehen viele Landhausfrauen den Fehler, am Schlachttag alles – vielleicht sogar ein ganzes Schwein – einlagern zu wollen. Sie überfordern damit nicht nur das **Gefriervermögen** ihrer Geräte, sondern ignorieren auch die Besonderheiten des jeweiligen Teilstücks. Richtig ist es, am Schlachttag Innereien, Frischwurst und Hackfleisch zu gefrieren; 2–3 Tage später das portionierte Fleisch und nach 4 oder 5 Tagen die großen Braten in das Gefriergerät zu legen.

Die **Haltbarkeit** von Gefrierfleisch richtet sich nach dem Fettgehalt und der Zerkleinerung der Ware. Speck und fettes Schweinefleisch sollten innerhalb von 2 Monaten, mageres Schweine- und Hackfleisch binnen 4 Monate verwertet werden. Magere größere Kalbs- oder Rinderbraten können 8–12 Monate im Gefriergerät aufgehoben werden.

Was müssen wir beim **Auftauen** beachten? Die Zellstruktur von gefrorenem Fleisch ist gelockert, darum verdirbt das Eiweiß rascher als bei Frischfleisch. Legen Sie es generell zum Auftauen ausgepackt in den Kühlschrank und decken Sie es dabei ab, damit es nicht austrocknet. Das Fleisch muß unmittelbar nach dem Auftauen zubereitet und auch verzehrt werden.

**Hackfleisch** sollten Sie noch am Einkaufstag zubereiten und essen, denn es verdirbt sehr schnell. Nehmen Sie es nach dem Einkauf sofort aus dem Papier und stellen Sie es in einer abdeckbaren Schüssel grundsätzlich gleich in den Kühlschrank.
Für Hackfleisch möchten wir die Lagerung im LIEBHERR-Biofresh-Fach nicht empfehlen.
Wenn Sie das Hackfleisch nicht am Einkaufstag zubereiten, müssen Sie es *sofort* einfrieren. Geben Sie es in kleinen Portionen in Gefrierbehälter. Praktischer sind Gefrierbeutel, die Sie sorgfältig verschließen. Nun fahren Sie kurz mit dem Nudelholz oder einem glatten Marmeladeglas über die Beutel, damit die Päckchen gleichmäßig dünn werden. Der Inhalt friert dann sehr schnell durch. Die Beutel lassen sich vorzüglich stapeln und das Fleisch taut später ebenso schnell wieder auf.
Mageres rohes Hackfleisch hält sich gefroren etwa 3–6 Monate. Tartar soll unbedingt innerhalb von 4 Wochen gegessen werden.

Hackfleischteig können Sie in größeren Portionen zubereiten, dürfen ihn aber nur schwach würzen. Entweder portionsweise im Beutel wie zuvor beschrieben oder zu flachen Frikadellen oder nicht zu großen runden Klößchen – für Suppen oder Klopse – ausformen. Die legen Sie zunächst auf das mit Alufolie belegte LIEBHERR-Gefriertablett und verpacken sie, sobald sie durchgefroren sind, in größere Gefrierdosen oder -beutel. Durch diese Methode sparen Sie Zeit und Abwasch, müssen aber die Produkte binnen 4–6 Wochen verzehren.
Praktischer ist es meistens, fertig zubereitete und gegarte Hackfleisch-Fertiggerichte einzufrieren. Darüber können Sie sich auf den Seiten 88 ff. orientieren.
Eingefrorene Hackfleischgerichte schmecken am besten, wenn sie zunächst 2–3 Stunden im Kühlschrank leicht antauen. Tauen Sie sie dann in heißer Brühe oder der Pfanne in heißem Fett fertig auf und garen Sie sie wie gewohnt.

**Portionsfleisch** – also Schnitzel, Steaks, Koteletts und Gulaschwürfel – frieren Sie am besten zunächst flach nebeneinander auf dem LIEBHERR-Gefriertablett ein. Erst nach etwa 12 Stunden endgültig verpacken. Durch dieses Verfahren kleben die Stücke nicht aneinander und können einzeln dem Beutel oder Behälter entnommen werden. Bei sehr großen Mengen umwickeln Sie zunächst schützend die Knochenenden der Koteletts mit einem Stückchen Alufolie, legen Sie dann zwischen die Fleischstücke dicke Kunststoff- oder extrastarke Alufolie und geben Sie sie anschließend in Gefrierbeutel.
Portioniertes Schweinefleisch hält sich 3–4 Monate, Kalb-, Lamm- oder Rindfleisch halten sich 6 Monate.

**Rouladen** können Sie bereits vor dem Einfrieren füllen, das spart später Zeit. Aber sie müssen dann innerhalb 2 Monaten verbraucht werden. Für Rouladen, ob flach oder gefüllt, bewährt sich das Vorgefrieren auf dem LIEBHERR-Gefriertablett. Meistens werden Rouladen als Fertiggericht bereits geschmort eingefroren.

Fleisch für **Geschnetzeltes** oder für **Gulasch** läßt sich – wie auch fertiggebratenes Roastbeef und andere Braten – im noch leicht gefrorenen Zustand weit besser als Frischfleisch oder ganz aufgetautes Fleisch in dünne Scheibchen oder Würfel schneiden.

Über fertige Braten informieren Sie sich auf Seite 88 ff. **Steaks** müssen vor der Zubereitung unbedingt ganz auftauen und sollten außerdem vor dem Braten oder Grillen 2 Stunden bei Küchentemperatur stehen, damit sie Raumtemperatur annehmen. Das gilt auch dann, wenn sie nicht zuvor eingefroren waren.

Auf gefrorenen **Schnitzeln** oder **Koteletts** haftet Panade nicht gut, deshalb immer auftauen.

Obschon Portionsfleisch zur Not gefroren in das Mikrowellengerät, in die Pfanne oder unter den Grill gegeben werden kann, ist es stets besser, es vor der Verarbeitung langsam im Kühlschrank auftauen zu lassen.

**Braten** und **Suppenfleisch** sollten möglichst rechteckig und nicht höher als 10 cm sein, damit sie sich gut stapeln lassen und bald durchfrieren. Sie tauen später auch schneller auf und bleiben dadurch saftiger. Vermeiden Sie deshalb unbedingt Stücke über 2,5 kg mit hohem Fett- und Knochenanteil! Bedenken Sie immer die Größe Ihres Haushalts.

Braten wickeln Sie am besten zunächst in extra-starker Alufolie ein. Legen Sie das Stück diagonal auf den großen Bogen. Schlagen Sie dann die beiden Seiten ein. Schließlich wickeln Sie das Paket fest auf, so daß so wenig Luft wie möglich eingeschlossen wird. Dann geben Sie die Braten zusätzlich nochmals in Gefrierbeutel. Beim Umschichten reißt die Alufolie leicht ein.

Da sowohl fertig zubereitete Braten als auch Suppenfleisch zu den beliebtesten Fertiggerichten gehören, orientieren wir Sie darüber auf der Seite 88 ff. und 99.

Große Braten sollten immer zunächst auftauen, weil sonst das Innere oft noch kalt und blutig, während die äußere Schicht längst gar ist. Wenn Sie den Braten zum Auftauen auf eine umgedrehte Untertasse legen, die in einem großen, tiefen Teller oder einer Schüssel ruht, kann der Saft gut ablaufen. Oder geben Sie das Fleisch auf ein Sieb, das über einer Schüssel hängt. Aus hygienischen Gründen empfehlen wir, den beim Auftauen austretenden Fleischsaft immer fortzugießen und die Arbeitsgeräte sehr gründlich mit Reinigungsmitteln und heißem Wasser zu säubern.

*Die **Auftauzeiten** pro 100 g betragen:*
*im Kühlschrank ungefähr 2 Stunden,*
*im Backofen bei 50° C 15 Minuten und im Mikrowellengerät bei 30 %iger Leistung etwa 2 Minuten.*
*Dabei müssen Sie aber Pausen und Ausgleichszeiten einkalkulieren.*

**Suppenfleisch** verpacken und gefrieren Sie nach den bei Braten gemachten Anweisungen. Das roh eingefrorene Fleisch können Sie noch gefroren in leise siedende Brühe geben.
Fertig gegartes, eingefrorenes Suppenfleisch (s. S. 99) lassen Sie möglichst erst auftauen und erwärmen zunächst die Brühe, schließlich darin das Fleisch. Sonst wird es leicht faserig.

**Innereien** können, bis auf Leber, gut gefroren werden. Sie müssen aber innerhalb von 2 Monaten aufgetaut und verbraucht werden. **Leber** wird schnell weich und leicht matschig. Bei fertigen Leberspätzle oder -knödeln sind die Gefrierergebnisse dagegen vorzüglich, s. S. 88 ff. und S. 98.
**Zunge** von Kalb, Rind oder Schwein hat roh und gekocht vorzügliche Gefriereigenschaften und hält sich 3–4 Monate. Da eine Zunge für unsere heutigen kleinen Haushalte fast immer zuviel ist, bietet sich das Einfrieren als kleinportioniertes Fertiggericht geradezu an. Gegarte Zunge erhitzen Sie wie Suppenfleisch.

**Knochen** zu gefrieren lohnt sich aus Platzgründen kaum.
Bei großem Knochenanfall – beispielsweise nach dem Schlachten – kochen Sie am besten einen großen Topf konzentrierter Brühe. Geben Sie dafür die Knochen mit Suppengrün und Gewürzen und mit Wasser bedeckt in einen großen Topf und lassen Sie die **Brühe** leise siedend bis zu 7 Stunden auf dem Herd ziehen. Noch bequemer ist es, den Topf – er darf aber keine Kunststoffgriffe haben – über Nacht in den auf 90° C beheizten Backofen zu stellen. Anschließend die Brühe durchsieben und in maximal 1 Liter fassende Kunststoffbehälter füllen, dabei einen 2 cm breiten Abstand zum oberen Rand für die Ausdehnung lassen. Nach dem Erkalten das Fett abheben und einfrieren.
**Fonds** für Soßen werden in kleinen Mengen genauso eingefroren.

# Wurst, Schinken und Tierfutter

Für jede der fast 1500 deutschen Wurstsorten genaue Angaben der kurz- und langfristigen Aufbewahrungsmöglichkeiten zu machen, würde den Rahmen dieses Buches sprengen, darum hier nur einige Richtlinien.

Frisch- oder Räucherwurst zum Kaltservieren und roher oder gekochter Schinken halten sich besser am Stück und schmekken bis 3 Tage nach dem Einkauf am besten. Wurst legen Sie im Spezialpapier des Metzgers sortenweise verpackt in einer Kunststoffdose auf das unterste Fach – oberhalb der Gemüseschublade – Ihres Kühlschranks oder ins trokkene LIEBHERR-Biofresh-Fach. Aufgeschnittenen Schinken und Speck wickeln Sie in Pergamentpapier.

Ganze Räucherwürste – z. B. Salami –, Speckseiten und roher geräucherter Schinken am Stück halten sich in einem locker gewebten Baumwollgazebeutel – vor Fliegen geschützt – hängend bei Kellertemperatur oder im trockenen LIEBHERR-Biofresh-Fach 2 Monate oder bis zum Mindesthaltbarkeitsdatum.

Die Gefriereigenschaften von Würsten für Aufschnitt sind bei geräucherter Ware immer schlechter als bei Frischwurst. Ohnehin sollten Sie Wurst nie länger als 1 Monat einfrieren. Tauen Sie Wurst und Schinken im Kühlschrank oder der Küche auf.

Brühwürstchen – z. B. Knack-, Lyoner –, Wiener- oder Weißwürste – können als Frischwürste locker verpackt 1 oder 2 Tage im Kühlschrank oder im LIEBHERR-Biofresh-Fach aufgehoben werden.
Und der alte Brauch, daß Weißwürste an dem Tag, an dem sie hergestellt wurden, das Zwölf-Uhr-Läuten nicht hören dürfen, stammt noch aus jenen Zeiten, als die schnell verderblichen Würste aus Kalb-, Schweinefleisch und Hirn schlecht gekühlt werden konnten. Heute akzeptieren Münchner – wenn sie außerhalb ihrer Heimatstadt leben – auch sterilisierte oder tiefgekühlte Weißwürste.
Alle hier genannten Würste können Sie in Beuteln verpackt für 2 Monate einfrieren. Wenn Sie sie zunächst auf das LIEBHERR-Gefriertablett legen, kleben sie nicht aneinander.
Lassen Sie Brühwürste im Kühlschrank auftauen. Sie können sie auch gefroren langsam in Brühe oder auf Kraut auftauen. Beim Auftauen im Mikrowellengerät ist Vorsicht geboten. Stechen Sie die Würste mehrmals ein, damit sie möglichst nicht platzen.

Ungebrühte Brat- und Kochwürste – z. B. Rheinische oder Nürnberger Bratwürste oder Hannoversche rohe Mettwürste – sind für maximal 3 Monate gefriergeeignet. Die Gefriereignung ist besser, je geringer der Fett- und Gewürzgehalt ist.
Auch diese Würstchen werden zum Gefrieren in Gefrierbeutel verpackt und dann gut verschlossen eingelagert.
Zum Auftauen können Sie sie notfalls gefroren in die leise siedende Flüssigkeit, auf das Sauerkraut oder in die Pfanne legen. Im allgemeinen ist es besser, Würstchen zunächst im Kühlschrank auftauen zu lassen und sie dann wie gewohnt zu sieden oder zu braten.
Gebrühte Blut- und Leberwürstchen werden durch Gefrieren grießig.

Hunde- und Katzenfutter einzufrieren, spart sicherlich viel Zeit und Geld. Es kann besonders vor Reisen günstig sein, wenn Nachbarn oder Freunde das Tier füttern. Aber Sie benötigen dafür viel Gefrierraum und nicht jedes Tier mag Gefrierfleisch.
Darum nur ausnahmsweise und immer in Tagesportionen gut verpackt für 2–4 Wochen abpacken. Vergessen Sie die gewissenhafte Beschriftung nicht!
Das Futter im Kühlschrank auftauen lassen und rechtzeitig in die Küche stellen, damit es Raumtemperatur annimmt.

# Geflügel

**Geflügel** kann bereits am Schlachttag zubereitet werden. Im Kühlschrank halten sich frische Hühner, Enten, Gänse und Puten bis zum aufgedruckten Mindesthaltbarkeitsdatum oder 3 Tage vom Schlachttag an gerechnet. Im LIEBHERR-Biofresh-Fach bei maximal 40 % Luftfeuchtigkeit können Sie Geflügel höchstens 6 Tage aufheben. Die Tiere sollen aber gleich nach dem Einkauf ausgepackt und dann lose abgedeckt in den Kühlschrank gestellt werden.

Die **Innereien** sollten so bald wie möglich separat gelagert und unbedingt innerhalb von 24 Stunden konsumiert werden.

Wenn Sie Hähnchen, Hühner oder Poularden vor dem **Einfrieren** glacieren, verhindern Sie, daß sie Feuchtigkeit verlieren. Ein dünner Eisfilm überzieht dabei das Geflügel. Auch bei hochwertiger industrieller Ware wird dieses Verfahren angewendet. Über glacieren lesen Sie auf Seite 67. Großes Geflügel sollten Sie unter Umständen vor dem Gefrieren in familiengerechte Portionen zerteilen. Je kleiner und flacher das Gefriergut ist, umso schneller friert es durch, und desto rascher taut es später wieder auf. Wenn der Gefrierraum begrenzt ist, können Sie durch geschicktes Ineinanderlegen zweier Geflügelhälften Platz sparen. Zum Verpacken haben sich Gefrierbeutel am besten bewährt. Die Luft muß sorgfältig herausgestrichen werden.

Magere Hähnchen und Hühner können 12 Monate, fette Suppenhühner nur 6 Monate gefriergelagert werden. Aber gefülltes Geflügel müssen Sie in 2 Monaten verbrauchen. Für Tiefkühlware gilt das Stempeldatum.

Die Salmonellenvergiftung ist erfahrungsgemäß bei eingefrorenem Geflügel – gleichgültig ob von der Hausfrau oder industriell gekühlt – eine nicht zu unterschätzende Gefahr. Darum muß das Geflügel zum Auftauen immer sofort ausgepackt werden. Nehmen Sie die Innereien und den Hals bei industriell tiefgekühltem Geflügel sobald wie möglich aus der Bauchhöhle. Legen Sie das Geflügel entweder in ein Sieb oder auf eine umgestülpte Untertasse, die Sie auf einen großen Teller oder in eine Schüssel stellen, so daß der Fleischsaft ablaufen kann. Der abgetropfte Fleischsaft wird sorgfältig vernichtet. Das Geflügel muß unter fließendem Wasser gewaschen werden. Geräte und Arbeitsplatz werden mit reichlich heißem Wasser und den üblichen Reinigungsmitteln sehr gründlich gesäubert. Das dafür benutzte Tuch müssen Sie anschließend unbedingt auskochen.

Beim langsamen **Auftauen** im Kühlschrank sind Saftverlust und Bakterienbefall am geringsten. Rechnen Sie dafür bei Hühnern zwischen 20 und 25 Stunden. In eiligen Fällen können Sie den Vorgang beschleunigen, indem Sie das Geflügel bei 50° C in den Backofen stellen. Im Mikrowellengerät kalkulieren wir bei 150 Watt für je 1 kg Geflügel etwa 15 Minuten Auftau- und 20 Minuten Standzeit. Keulen- und Flügelenden schützen Sie vor frühzeitigem Garen, indem Sie sie mit Alufolie umwickeln. **Suppenhühner** können gefroren in der Brühe auftauen und garen. Zum **Schnetzeln** raten wir, das Fleisch in leicht gefrorenem Zustand zu zerschneiden. Portionsstücke wie Hühner- oder Putenbrüste können Sie im angetauten Zustand weiter verarbeiten. Gefrorenes Geflügel ist unmittelbar nach dem Auftauen zuzubereiten und dann auch bald zu essen.

**Enten** werden wie Hühner behandelt. Wegen ihres hohen Fettgehalts ist die Haltbarkeit durch Gefrieren auf 6 Monate begrenzt.

**Gänse** und **Puten** wickeln Sie vor dem Einfrieren zunächst in extrastarke Alufolie und anschließend zusätzlich in Gefrierfolie. Beide Folien mit gefrierfestem Klebeband zukleben, damit keine Luft eindringen kann. Wenn das Geflügel sehr groß ist, legen Sie es bei verschiedenen Modellen der LIEBHERR-Gefrierschränke in die dafür besonders hoch konstruierte Schublade. Auch diese Geflügelsorten sollen nicht länger als 6 Monate eingefroren werden. Es dauert nahezu 3 Tage, bis eine große Gans oder Pute langsam im Kühlschrank auftaut.

# Wild und Wildgeflügel

Die Zeiten, da man **Wild** zur Konservierung mit Honig und Gewürzen in großen Fässern einlagerte oder versuchte, durch langwieriges Beizen den Hautgout zu übertünchen, sind endgültig vorbei.

Wild kann bereits zubereitet werden, wenn es bei Temperaturen von 2°–4° C einen Tag reifte. Wenn Sie das Wild innerhalb weniger Tage zubereiten wollen, stellen Sie es entweder leicht abgedeckt in einem Gefäß in den Kühlschrank oder legen es besser noch in das trockene LIEBHERR-Biofresh-Fach, also in den niedrigen Feuchtigkeitsbereich. Dort können Sie es 4 Tage aufheben. Wenn Sie zuvor die Oberfläche sparsam einölen, verhindern Sie das Antrocknen der äußeren Schichten.

**Beizen** verändert den Geschmack und verlängert die Haltbarkeit von Wild. Geben Sie es mit Buttermilch, Zitronenscheiben und einigen Wacholderbeeren oder mit einem Gemisch aus dunklem, trockenem Rotwein, Rotweinessig und Nelken, Thymian, Wacholderbeeren, zerdrückten Senf- und Pfefferkörnern in einen sehr festschließenden Kunststoff- oder Tupperbehälter oder einen Gefrierbeutel, der zuverlässig mit einem Gefrierclip verschlossen wird. Dabei kann die Beizflüssigkeit auf ¼ bis ½ Liter begrenzt werden. Sie müssen allerdings das Gefäß oder den Beutel einmal täglich wenden, damit der Braten allseitig benetzt wird. Im Kühlschrank oder im LIEBHERR-Biofresh-Fach können Sie Wild auf diese Weise 2 Wochen lagern.
Natürlich können Sie Wild auch **einfrieren**. Teilen Sie das Fleisch immer in haushaltgerechte Portionen. Packen Sie es dann sehr sorgfältig ein.
Gespickte Braten halten sich nur rund 6 Wochen, weil das Fett ranzig wird. Magere Wildbraten können Sie dagegen bis zur nächsten Jagdsaison, nämlich für 10 Monate, einfrieren.

Beim Kleinfleisch von Wild oder Wildgeflügel aller Art bewährt es sich, eine größere Menge Wildragout, -gulasch oder -pasteten fertig zu kochen oder zu backen. Diese Produkte gefrieren Sie portionsweise in Behältern oder extra-starker Alufolie verpackt. Lesen Sie darüber bei den Fertiggerichten auf Seite 88 ff.

Obschon keine ernsthaften Schädigungen hervorgerufen werden, wenn Fertiggerichte aus zuvor gefrorenem Wild, Wildgeflügel oder Geflügel ein zweites Mal wieder eingefroren werden, sollten Sie dennoch versuchen, den doppelten Gefrierprozeß ein und desselben Lebensmittels zu vermeiden. Ein Qualitätsverlust ist immer gegeben.

Zum **Auftauen** gelten die üblichen Regeln: Auspacken und möglichst auf einer umgedrehten Untertasse oder einem Sieb mit einem daruntergestellten Teller legen und leicht abdecken. So über Nacht im Kühlschrank völlig auftauen lassen und erst dann wie gewohnt braten oder schmoren.

Nur zum Schnetzeln und für Gulasch verarbeiten Sie das Wildfleisch im leicht angetauten Zustand.

Sie können das aufgetaute Wildfleisch aber auch noch für weitere 1–2 Tage in **Beize** legen.

**Wildgeflügel**, also Fasan, Rebhuhn und ähnliches, sollte möglichst 3–4 Tage bei kühler Temperatur abhängen, ehe es gerupft und zubereitet wird. Sie können es dann zubereiten oder für weitere 8 Tage im LIEBHERR-Biofresh-Fach bei maximal 40 % Luftfeuchtigkeit aufheben.

Für längere Haltbarmachung **frieren** Sie Wildgeflügel wie Geflügel ein.

Da es mager ist, kann es bis zu 12 Monate im Gefriergerät **lagern**.

Auch für Wildgeflügel gilt: Vor der Zubereitung auf die zuvor beschriebene Weise sorgfältig gänzlich **auftauen** lassen und den ausgetretenen Fleischsaft gewissenhaft vernichten.

# Fisch, Krustentiere und Muscheln

Diese Lebensmittel haben sehr dünne Zellwände. Dadurch sind sie besonders leicht verdaulich. Aber sie verderben auch sehr schnell, weil sich das Eiweiß rasch zersetzt.

*Sollten Sie jemals Zweifel an der Frische von Fischen oder Meeresfrüchten haben, verzichten Sie besser auf den Konsum.*

**Süßwasserfische** müssen gleich nach dem Fang oder Einkauf in den Kühlschrank gelegt und möglichst am gleichen Tag zubereitet werden.

Im trockenen LIEBHERR-Biofresh-Fach bei maximal 40 % Luftfeuchtigkeit können fangfrische Fische – in einem Behälter und leicht abgedeckt, so daß sich ihr Geruch nicht überträgt – auch noch 2 weitere Tage aufgehoben werden. Sie sollten aber immer zuvor gesäubert, zumindest ausgenommen werden.

Wohnen Sie in der Nähe eines Sees oder Flußes? Nur wenn Sie fangfrischen Fisch bekommen, sollten Sie ihn selbst **einfrieren**. Die Fische werden dafür erst wie üblich gesäubert. Aal, Forellen, Schleien und Karpfen werden nur von innen gewaschen, damit sie später auch blau gegart werden können. Die Fischköpfe können Sie vor dem Einfrieren abtrennen und somit den Gefrierraum besser ausnutzen. Fische, die über 1 kg wiegen, sollten filiert oder mit der Hauptgräte quer in etwa daumendicke Portionsscheiben geschnitten werden. Sonst dauern der Gefriervorgang und das spätere Auftauen zu lange.

Durch **Glacieren** bewahren die Fische ihre Qualität am besten. Die Fische plazieren Sie zunächst so auf das LIEBHERR-Gefriertablett, daß sie sich nicht berühren. Nach 6 Stunden, wenn die Außenschicht gefroren ist, tauchen Sie die Fische nacheinander in ein hohes Gefäß mit Eiswasser, wie auf der linken Seite ersichtlich. Dabei bildet sich auf den Fischen ein dünner schützender Eisfilm. Anschließend wieder kühlen. Wiederholen Sie den Glaciervorgang noch 1–2 mal im Abstand von jeweils mindestens 2 Stunden. Erst dann die Fische nach Belieben in extra-starke Alufolie, Gefrierbeutel oder -behälter endgültig verpacken. Später können Sie einzelne Portionen leicht herausnehmen, weil die Fische dann nicht aneinanderkleben.
In haushaltgerechten Portionen können Sie Fischfilet oder kleine Fische auch in Gefrierdosen passender Größe einschichten und mit klarem Wasser bedeckt als **Blockware** einfrieren. Bei diesen beiden Verfahren verliert der Fisch keine Feuchtigkeit und seine Qualität bleibt erhalten. Fette Fische halten sich 2, magere bis zu 6 Monate.

Flache und kleine Fische oder Fischportionen wie Filets oder Scheiben können Sie in der Regel gleich gefroren im Mikrowellengerät, in der Pfanne, dem Topf oder Backofen wie gewohnt **verarbeiten**.
Bei dickeren Fischen besteht hierbei die Gefahr, daß das Fischfleisch außen übergar und trokken, an der Hauptgräte nur halbgar wird. Darum in solchen Fällen den Fisch zunächst auspacken und lose abgedeckt, am besten über Nacht, im Kühlschrank langsam **tauen** lassen. Der Saftverlust ist dabei am geringsten. Fisch, der paniert werden soll, muß zuvor völlig auftauen.

Soll es doch einmal schnell gehen, geben Sie den Fisch bei Auftaustufe für 2mal etwa je 5 Minuten mit einer Pause von 5 Minuten in das Mikrowellengerät. Diese Werte gelten für 500 g Fisch bei 150 Watt. Wenn Sie in der Pause den Fisch drehen und wenden, ist die Gefahr, daß ein Teil des Fisches an den Randzonen schon gart, viel geringer.
Panierte Fische können Sie nicht im Mikrowellengerät auftauen und zubereiten, weil die Panade aufweicht.
Alternativ können Sie die Fische unter fließendem Wasser auftauen. Dabei werden allerdings für uns wertvolle Nähr- und Mineralstoffe zum Teil herausgeschwemmt.

**Seefisch** wird bei uns zu 95 % als industriell tiefgekühlte Ware konsumiert. Er wird fast immer bereits auf hoher See schockgefrostet. An Land wird er später in Fabriken portioniert und zu Fertiggerichten verarbeitet oder in Form von Fischfilet oder Fischtranchen für den Verkauf verpackt. Diesen Gefrierfisch verzehren wir normalerweise entweder gleich am Kauftag oder lagern ihn sobald wie möglich im Gefrierfach ein.
Für die Haltbarkeit ist das aufgedruckte Mindesthaltbarkeitsdatum ausschlaggebend. Das trifft aber nur zu, wenn der Fisch auf dem Transport nicht an- oder gar auftaute. Die Kühlkette darf auf keinen Fall unterbrochen werden. Nehmen Sie darum bei größeren Vorratskäufen immer Ihre praktische LIEBHERR-Kühlhaltebox mit einem kalten Akku mit.
Küstenbewohner richten sich für das Gefrieren von Seefischen nach unseren ausführlichen Anleitungen für Süßwasserfische.

**Räucherfische**, z.B. Aal, Bücklinge, Forellen, Lachs oder Makrelen werden für kurze Zeit im Kühlschrank aufgehoben.
Im LIEBHERR-Biofresh-Fach bei maximal 40 % halten sie sich noch besser. Sie sollten aber in jedem Fall binnen 5 Tagen gegessen werden.
Langfristig bis zu 4 Monaten können Sie Räucherfische auch in der dickwandigen Verkaufspackung aus Kunststoff – besser aber noch zusätzlich in extra-starke Alufolie gewickelt – in das Gefriergerät geben.
Aufgetaut werden diese Fische am besten langsam im Kühlschrank. Frisch wie aus dem Rauch schmecken sie, wenn sie kurz vor dem Verzehr einige Minuten im heißen Backofen oder unter dem Grill erwärmt wurden. Im Mikrowellengerät dauert das nur wenige Sekunden. Dazu schmeckt Meerrettichsahne, s. S. 75 und 95, immer besonders gut.

Auch für absolut fangfrische **Hummer, Langusten** und **Garnelen** und bei zuvor gegarten **Flußkrebsen** ist die Glaciermethode empfehlenswert. Gute Industrieware wird ebenso behandelt. Deswegen müssen wir leider beim Einkauf solchermaßen industriell tiefgekühlter Spezialitäten einen 30 %igen Wasseranteil einkalkulieren.
Fangfrische **Nordseekrabben** werden am besten – roh oder gegart – als Blockware eingefroren.
Die Haltbarkeit von selbsteingefrorener Ware wird mit 3 Monaten veranschlagt. Bei Industrieware gilt das aufgedruckte Mindesthaltbarkeitsdatum.

Feinschmecker wissen, wie empfindlich alle diese Lebensmittel auf Hitze reagieren.
Falls Sie die Schalentiere warm servieren wollen, ist die Gefahr einer zu langen Garzeit bei gefrorenen Schalentieren immer groß. Schalentiere und Muscheln verlieren erfahrungsgemäß durch zu langes Erwärmen einen Teil ihrer Feuchtigkeit und werden dadurch klein und hart. Bei aufgetauter Ware können Sie die Zeit fürs spätere Erhitzen viel genauer festlegen.
Lassen Sie darum diese Spezialitäten zunächst im Kühlschrank vollständig auftauen. Zum schnellen Auftauen halten Sie diese Lebensmittel auf einem Sieb unter kaltes fließendes Wasser.

**Muscheln** werden zunächst gründlich gereinigt und gewässert und wie üblich mit Suppengrün und einigen Eßlöffeln Weißwein knapp gegart. Wenn sie sich gerade öffnen, sind sie gut. Dann können Sie die Schalen ganz oder teilweise entfernen, je nachdem, wie Sie die Muscheln später verwenden möchten. Auch für diese Produkte ist zunächst das Gefrieren auf dem LIEBHERR-Gefriertablett praktisch, denn die Muscheln kleben nicht aneinander. Frühestens nach 8 Stunden können Sie die Muscheln in Beutel oder Behälter einpacken.
Sie können später portionsweise entnommen werden und tauen auch schneller auf.
Die ausgelösten Muscheln können Sie auch in eine Gefrierdose geben und mit durchgesiebtem abgekühlten Muschelsud bedeckt als Blockware einfrieren. Sie tauen später jedoch nicht so rasch auf und müssen alle verbraucht werden.
Heben Sie die Muscheln nicht länger als 6 Monate im Gefriergerät auf.
Auch Muscheln lassen wir vor dem Erhitzen – beispielsweise auf der Paella – am besten im Kühlschrank völlig auftauen.

# Eier

Normalerweise heben wir unsere Eiervorräte im Eierregal der Kühlschranktür auf. Denken Sie daran, das Regal entsprechend Ihrer Körpergröße bequem zu plazieren.
Die Behälter sollten Sie wegen Salmonellengefahr alle 2 Wochen mit einem normalen Reinigungsmittel – eventuell in der Geschirrspülmaschine – sorgfältig reinigen.
Möglichst innerhalb von 2 Wochen nach Legedatum, bestimmt aber innerhalb von 18 Tagen, sollten Eier aus dem gleichen Grund gegessen werden. Prüfen Sie deshalb die Daten auf der Verpakkung genau.

Wenn Sie – beispielsweise vor einer Urlaubsreise oder durch einen Großeinkauf bedingt – einmal zu viele Eier im Hause haben, können Sie Eier auch **gefrieren**. Doch Vorsicht, weil Eierschalen im Gefriergerät platzen! Darum: Stets die Eier zuvor aufschlagen und den Inhalt in ein Gefäß passender Größe geben. Dabei können Sie je nach Vorrat oder nach geplanter späterer Verwendung entweder
Eiweiß und Eigelb zusammen
oder
nur Eigelb
oder
nur Eiweiß einfrieren.
Getrenntes Einfrieren kann vorteilhaft sein, wenn Sie in der Weihnachtszeit viele Mandelmakronen mit Eiweiß backen oder wenn Sie in der Spargelzeit die Suppen oder Soßen üppig mit Eigelb legieren.
Immer sollten Sie 1 Messerspitze Salz pro Ei, Eiweiß oder Eigelb zufügen. Die Masse anschließend rühren, aber nicht schlagen.

Notieren Sie am besten gleich die Menge auf das Gefäß. Sollten Sie das doch einmal vergessen haben, so können Sie die Masse vor dem Verbrauch wiegen.
1 Eiweiß oder 1 Eigelb wiegen durchschnittlich etwa 25 g.
1 Ei wiegt demnach 50 g ohne Schale.
Die **Haltbarkeit** von gefrorenen Eiern, Eigelb oder Eiweiß beträgt 12 Monate.
Am besten tauen Sie die Eier später im Kühlschrank oder bei Küchentemperatur auf. Aufgetaute Eier können wie frische zum Kochen und Backen verbraucht werden. Das soll aber am gleichen Tag geschehen. Ein aufgetautes Ei verdirbt, da ohne schützende Schale, besonders rasch.
Günstige Verwendungsmöglichkeiten sind: Eierstich, Rührei, legierte Suppen und Soßen, Schneeklößchen, Pfannkuchenteige, Makronen, Plätzchen- und Kuchenteige.

Hartgekochte Eier erkennen Sie an taumelndem Verhalten beim Drehen. Noch einfacher ist es, wenn Sie die Schale grundsätzlich anknacken, ehe Sie die gekochten, erkalteten Eier in den Kühlschrank legen. Dann genügt später ein rascher Blick! Da gegartes Eiweiß rasch verdirbt, sollten gekochte Eier – und natürlich auch damit zubereitete Gerichte wie Eiersalate – binnen 3 Tagen gegessen und nicht wie unsinnigerweise Ostereier wochenlang in warmen Zimmern aufgehoben werden.

**Fertiggerichte** mit Eiern, die Sie gut gefrieren können, sind beispielsweise Eierstich, Kaiserschmarren und natürlich auch fertig gebratene Pfannkuchen. Reste von gebratenen Pfannkuchen können Sie aufrollen und später im angetauten Zustand zu dünnen Flädle schneiden. Geben Sie zur Abwechslung einige Kräuter oder etwas Reibkäse unter den Teigrest, ehe Sie die für Flädle vorgesehenen Pfannkuchen braten.
Die **Haltbarkeit** von Eiergerichten beträgt im Gefriergerät etwa 2 Monate.
Nicht gefriergeeignet sind gekochte Eier, auch nicht in Soßen oder in Eiersalaten, als gefüllte Eier, Eiersandwiches oder Eier in Form von Schaumomeletts. Die Eier werden gummiartig.

*Im Gegensatz zur industriellen Mayonnaise aus Trockenei sind selbstgerührte Mayonnaise aus frischen Eiern und damit zubereitete Speisen nicht gefrierfähig. Mehr zu diesem Thema im Kapitel Fertiggerichte S. 88 ff.*

# Fette, Milch und Sahne

Butter, Butterschmalz und Margarine heben wir für den täglichen Gebrauch im Türfach des **Kühlschranks** auf, denn dort bleiben diese Produkte streichfähig. Bis zum Ablauf des aufgedruckten Mindesthaltbarkeitsdatums sind die dort herrschenden Temperaturen optimal.

Für langfristige Bevorratung können Sie diese Fette auch in Ihr **Gefriergerät** einlagern. Die normalen Aluminiumverpackungen genügen für eine Lagerdauer von höchstens 2 Monaten. Bei einer Verpackung mit Pergamentpapier oder längerer Lagerzeit müssen Butter und Margarine zusätzlich in Gefrierbeutel oder -folie verpackt werden. Die Haltbarkeit von Butter und Margarine kann durch Gefrieren um höchstens 8 Monate verlängert werden.

Stets bei Küchentemperatur oder im Kühlschrank **auftauen**. Das dauert 1½ bzw. 8 Stunden. Die Temperaturen des Mikrowellengeräts sind selbst bei geringster Stufe zum Tauen fast stets zu hoch.

Butterzubereitungen – zum Beispiel **Knoblauchbutter** – lassen sich ebenfalls hervorragend **einfrieren**. Bei gekaufter Ware raten wir, die gekühlten ausgepackten Rollen zunächst in etwa 1½ cm dicke Scheiben zu schneiden. Legen Sie die Scheiben in einer lange Reihe flach nebeneinander auf die glänzende Seite von extrastarker Alufolie. Die Folie gut zusammenkneifen und die Päckchen einfrieren.

Für selbstgerührte Buttervariationen wird die frische schaumig gerührte Butter mit kleingehackten gemischten Kräutern, Zitronensaft, Knoblauch und Worcestersauße oder mit Paprika oder mit geriebenem Meerrettich oder mit Senf und Zitronensaft kräftig abgeschmeckt. Die geschmacksgebenden Zutaten müssen dafür aber sehr fein zerkleinert sein, weil sonst später die Spritztülle verstopft. Füllen Sie die Masse in einen Spritzbeutel mit großer Sterntülle und geben Sie sie als Rosetten auf das mit Streifen von extra-starker Alufolie belegte Gefriertablett. Nach 24 Stunden in der Alufolie und zusätzlich in Dosen endgültig verpacken.

Später können Sie die einzelnen Scheiben oder Portionen entsprechend des jeweiligen Bedarfs entnehmen und den Rest wieder ins Gefrierfach geben. Bei Küchentemperatur taut die gefrorene bunte Butter innerhalb von 10 Minuten soweit auf, daß Sie Steaks oder Fisch damit garnieren können.
Länger als 3 Monate sollten Sie diese Butterzubereitungen aber nicht aufheben.

**Öl** wird durch Kälteeinwirkung zunächst dickflüssig, dann fest. Deswegen wird es im Vorratsschrank bei normaler Raumtemperatur aufgehoben. Größere Vorräte lagern bei etwa 12° C im Keller.

**Schmalz** heben Sie für den baldigen Verbrauch immer im Kühlschrank auf. Bei großen Vorräten – wir denken an Gänseschmalz nach Weihnachten – können Sie durch Einfrieren die Haltbarkeit von Schmalz um insgesamt 3 Monate verlängern.

**Frischmilch** heben wir bis zum Verzehr im Getränkefach der Kühlschranktür auf. Da Milch in angebrochenen Flaschen oder Packungen besonders schnell Geschmack annimmt, müssen die Behälter sorgfältig mit Kunststoffverschlüssen oder Gefrierclips – notfalls einer Wäscheklammer – verschlossen werden. Noch besser ist es, wenn Sie Milch aus Pergapackungen für den Verbrauch in gut gereinigte und verschließbare Glasgefäße umfüllen.
H-Milch hält sich etwa 4 Monate, maximal bis zum Mindesthaltbarkeitsdatum. Sie sollte in der Zeit aber möglichst kühl bei Kellertemperaturen gelagert werden.

Milch frieren wir nur in Ausnahmefällen ein, beispielsweise vor Urlaubsreisen. Frische, unbehandelte Milch ist nicht gefrierbar, sie flockt nach dem Auftauen aus.
Die **Haltbarkeit** von homogenisierter Milch – dabei wird Dampf in erwärmte Milch geleitet – wird durch Gefrieren unabhängig vom aufgedruckten Mindesthaltbarkeitsdatum um 12 Monate verlängert. Glasflaschen platzen leicht. Darum füllen Sie die Milch besser in einen Kunststoffbehälter passender Größe. Dabei müssen Sie den Ausdehnungsraum von circa 10 % berücksichtigen. Weil Sie gefrorene und wieder aufgetaute Milch nicht mehr roh trinken können, verwenden Sie sie zu Kochzwecken. Lassen Sie die Milch am besten über Nacht im Kühlschrank **auftauen**. Sie können die Milch auch im Topf auf dem Herd oder in einem Glasgefäß im Mikrowellengerät schnell auftauen.

Gerichte mit Milch sind nur dann gefriergeeignet, wenn sie mit industriellen Fertigsoßen oder -suppen, Grieß, Reis oder Kartoffeln hergestellt wurden. Nicht gefrierfähig sind dagegen Milchgerichte, die mit Mehl oder normaler Speisestärke, beispielsweise Vanillepudding, gebunden wurden. Mehr dazu im Kapitel Fertiggerichte.

**Buttermilch, Dickmilch, Kefir** und **Joghurt** – gleichgültig ob fetthaltig oder mager – müssen nach dem Einkauf gleich auf das oberste Fach des Kühlschranks oder in die Kühlschranktür gestellt werden. Angebrochene Packungen immer sorgfältig verschließen, weil diese Ware sehr geruchs- und geschmacksempfindlich ist.
Für die Haltbarkeit ist das Stempeldatum bindend.
Keines der genannten Produkte ist gefrierfähig. Sie werden nach dem Auftauen alle grießig.

**Kaffeesahne** und **Dosenmilch** werden im Kühlschrank – am besten in der Türfüllung oder im obersten Fach – aufgehoben. Da Dosenmilch, einmal angebrochen, immer unansehnlich aussieht, sollten Sie sie grundsätzlich in ein verschließbares Milchkännchen mit unempfindlicher Oberfläche umfüllen. Bei Kaffeesahne, die in Glasfläschchen oder Kunststoffdosen abgefüllt verkauft wird, ist das nicht nötig.
Vor Reisen können Reste in kleine Gefrierdosen passender Größe umgefüllt und für maximal 12 Monate eingefroren werden. Da sie aber trotzdem nach dem Auftauen oft grießig werden, sollten Sie sie später nicht mehr in den Kaffee gießen. Aber für Salatsoßen oder zum Verbessern von Suppen und Soßen können Sie sie bedenkenlos aufbrauchen.

Saure Sahne und Crème fraîche werden ebenfalls in der Kühlschranktür oder auf der obersten Abstellplatte des Kühlschranks aufgehoben. Da sie geschmacksempfindlich sind, müssen sie nach dem Öffnen immer wieder sorgfältig verschlossen und dann bald verbraucht werden. Auch sie sind nicht gefrierfähig, werden sie doch grießig.
Nur die industriell tiefgekühlten **Saure-Sahne-** oder **Crème-fraîche-Flocken** aus dem Sortiment der Heimgefrierdienste können im Gefriergerät gelagert werden. Wenn Sie kleine Portionen löffelweise der Verpackung entnehmen, müssen Sie diese anschließend aber immer wieder gut – am besten mit einem Gefrierclip – verschließen.
Das Mindesthaltbarkeitsdatum ist bei diesen Artikeln maßgebend für die Haltbarkeit.

**Schlagsahne** wird gut verschlossen bis zum Mindesthaltbarkeitsdatum im obersten Fach des Kühlschranks oder in der Kühlschranktür gekühlt.
H-Sahne läßt sich oft nicht gut schlagen und erreicht nicht die geschmackliche Qualität von frischer Sahne. Aber H-Sahne kann entsprechend des aufgedruckten Mindesthaltbarkeitsdatums relativ lange im Kühlschrank oder bei Kellertemperaturen aufbewahrt werden.

Die Gefriereigenschaft von frischer Schlagsahne ist vorzüglich. Wenn sie ungeschlagen eingefroren wird, reicht bei einer Lagerung von maximal 2 Monaten die Verkaufspackung aus, soweit es sich um einen Kunststoffbecher oder eine kunststoff- oder aluminiumkaschierte Tetrapackung handelt. Für längeres Einfrieren – bis zu 4 Monate – wickeln Sie die Behälter zusätzlich in extra-starke Alufolie oder stecken Sie sie in Gefrierbeutel.
Sahne wird beim **Auftauen** im Mikrowellengerät meistens zu warm. Sie sollte darum besser langsam im Kühlschrank oder in 1–2 Stunden bei Küchentemperatur antauen. Am besten beginnen Sie die Sahne zu schlagen, wenn sie gerade anfängt flüssig zu werden, aber noch kleine Eiskristalle sichtbar sind. Einmal eingefrorene Schlagsahne und die damit hergestellten Speisen oder Kuchen sollten – wie gefrorene Lebensmittel allgemein – nach Möglichkeit nicht ein zweites Mal eingefroren werden.

Gefrorene Schlagsahnerosetten sind ideal – besonders für die vielen Kleinhaushalte. Schlagen Sie dafür eine große Portion frische Sahne mit etwas Zucker steif. Sehr hübsch ist es, wenn Sie sie dann in einen Spritzbeutel füllen und etwa walnußgroße Rosetten auf das zuvor mit einem großen Bogen extra-starker Alufolie oder Backpapier belegte LIEBHERR-Gefriertablett setzen. Natürlich können Sie die Rosetten auch mit einem Eßlöffel formen. Dann einfrieren. Nach 24 Stunden rollen Sie die Rosetten wie Würstchen in die Folie oder Sie zerschneiden die Unterlage und packen die Schlagsahnerosetten schonend lagenweise in Gefrierdosen ein. Später können Sie einzelne Portionen entnehmen und auf Kompott, Eis, Süßspeisen oder Torten in etwa 20 Minuten bei Küchentemperatur auftauen. Auf diese Weise können Sie im Kleinhaushalt den Konsum eines Bechers Schlagsahne auf mehrere Tage verteilen, auch Abwasch und geballte Kalorien werden reduziert.

Für die beliebte **Meerrettichsahne** wird Sahne mit feingeriebenem Meerrettich, Salz und Zitronensaft, eventuell auch noch mit geriebenem Apfel pikant abgeschmeckt und – wie gerade beschrieben – eingefroren.

# Quark und Käse

**Quark** heben wir bis zum aufgedruckten Mindesthaltbarkeitsdatum in der Verkaufspackung auf der mittleren Abstellfläche des Kühlschranks oder in der Kühlschranktür auf. Angebrochene Packungen müssen mit Kunststoffdeckeln oder Alufolie sorgfältig abgedeckt werden, damit die Ware nicht eintrocknet oder Geschmack annimmt.
Die Gefriereigenschaften von Quark sind unterschiedlich. Einige Sorten werden nach dem Auftauen grießig. Darum sollten Sie einmal mehrere Proben unterschiedlicher Fabrikate aus 2 oder 3 Geschäften einfrieren und die Ergebnisse der aufgetauten Ware miteinander vergleichen. Im allgemeinen läßt sich fetthaltiger Quark besser als Magerquark einfrieren. Die Verkaufspackung reicht zum Einfrieren aus. Die Haltbarkeit beträgt maximal 1 Jahr.
Lassen Sie den gefrorenen Quark im Kühlschrank oder in der Küche **auftauen**. Im Mikrowellengerät wird er während des Tauens selbst bei geringer Stufe meistens überhitzt und gerinnt.

**Käse** wird für den kurzfristigen Verbrauch ebenfalls gut verpackt bei Temperaturen von rund 6° C auf dem obersten oder zweitobersten Fach des Kühlschranks oder in der Gemüseschublade aufgehoben.
Weichkäse, z. B. Brie oder Camembert, müssen zunächst bei Küchentemperatur bis zum gewünschten Grad reifen, ehe sie in den Kühlschrank gelegt werden, denn Temperaturen unter 10° C stoppen den Reifungsprozeß ein für allemal.
Ideale Lagerungsbedingungen für vorbildlich gereiften Weichkäse bietet die trockene LIEBHERR-Biofresh-Lagerung bei geringer Luftfeuchtigkeit von maximal 40 %, die Sie mit dem Schieber einstellen können.

Als **Verpackung** genügt für Käse die Verkaufspackung aus Kunststoff-Folie, folienkaschiertem Spezialpapier oder Alufolie. Stechen Sie die Folie einige Male ein. Das mit Weißwein getränkte Tuch der Jahrhundertwende ist überholt, es sei denn, Sie wechseln es täglich zweimal durch ein frischgewaschenes, neu getränktes Tuch aus.

Falls Sie den Käse unter einer Käseglocke aufbewahren wollen, stellen Sie ein Stamperl mit Weißwein dazu. Andere Experten raten, statt dessen einen Zuckerwürfel zum Käse zu legen. Ein geringer Luftschlitz durch einen unter den Glockenrand gelegten Zahnstocher soll die Qualität infolge stetig zirkulierender Luft erhalten.

Sehr alte Reibkäse am Stück – typische Beispiele sind dafür Parmesan oder Pecorino – können über einen längeren Zeitraum in einem mit grobem Salz gefüllten Steintopf aufgehoben werden. Sie müssen dann aber immer wieder die obere Salzschicht gründlich entfernen, bevor Sie etwas Käse abreiben.

Die Gefrierfähigkeit der über 500 verschiedenen Käsesorten ist so unterschiedlich, daß keiner um Experimente herumkommt.

Da alle Käse nach dem Auftauen spätestens innerhalb von 2 Tagen konsumiert werden sollen, müssen Sie den Käse vor dem Einfrieren haushaltsgerecht portionieren. Als Verpackung genügt die industrielle Verkaufspackung, soweit sie aus Aluminium ist. Durch zusätzliche extra-starke Alufolienverpackung wird das Ergebnis aber verbessert.

**Geschnittener Käse** sollte nur in Ausnahmefällen eingefroren werden. Er wird trocken und krümelig. Nur für fertig belegte Brote können wir fetthaltigen geschnittenen Käse zum Gefrieren akzeptieren.

Hüttenkäse und Doppelrahmfrischkäse werden durchs Gefrieren sehr oft grießig.

Fetthaltige Käse behalten besser ihre Konsistenz und ihr Aroma als Magerkäse.

Hartkäse werden meistens trokken und krümelig.

Weichkäse müssen, auch ehe sie eingefroren werden, unbedingt bis zum gewünschten Grad reifen. Mit fetthaltigen Weichkäsen erzielten wir beim Gefrieren die besten Resultate.

Die **Haltbarkeit** wird durch Gefrieren bei Magerkäse etwa um 2 Monate, bei fetthaltigem Käse um 6–8 Monate verlängert.

Zum **Auftauen** von Käse eignet sich das Mikrowellengerät nicht. Fast immer wird die äußere Schicht überhitzt und schmilzt. Tauen Sie darum Käse je nach verfügbarer Zeit entweder in der Küche oder besser über Nacht im Kühlschrank auf. Für Aufläufe, übergrillte Käsetoaste oder Fondue können Sie allerdings Käsescheiben oder -würfel oder Reibkäse ohne Auftauen sofort verarbeiten. Käse am Stück läßt sich oft gefroren besser reiben als frisch.

# Brötchen, Brot, Kuchenteige und Gebäck

Alle Menschen freuen sich über ofenfrisches **Brot**.
Leider baumeln heute nicht mehr jeden Morgen Beutel mit frischen Brötchen an unseren Haustüren. Trotzdem muß niemand auf knusprige Frühstücksbrötchen, frisches Brot oder ein gutes Stück Kuchen verzichten.
Zunächst einige Hinweise für Brötchen und Brot.
Normalerweise heben wir unser Brot in einem Brotbehälter im Vorratsschrank auf. Dort bleibt es 1–2 Tage frisch. Legen Sie Backwaren nie in den Kühlschrank. Bei Lagerung im Bereich zwischen der Küchentemperatur von etwa +18° C und Kälte von −7° C löst sich nämlich die geheimnisvolle Verkleisterung der Stärke langsam auf. Die Feuchtigkeit entweicht aus den Zellen und das Brot beginnt ganz rasch zu altern. Es wird darum im Kühlschrank noch schneller trocken als bei normaler Lagerung im Brotbehälter.

**Pumpernickel** und in dünne Scheiben geschnittenes **Vollkornbrot** werden fast immer industriell hergestellt und in Kunststoff- und Alufolie eingeschweißt. Diese Brotsorten halten sich selbst ohne Konservierungsstoffe erstaunlich lange. Durch Sterilisation sind diese Packungen – kühl aufbewahrt – bis zu 6 Monate haltbar. Meist ist das Brot längst vor dem Ablauf des Mindesthaltbarkeitsdatum verzehrt.
Auch dunkles **Sauerteigbrot** ist ziemlich lange genießbar, wenn Sie es in einem irdenen Spezial-Brottopf mit Deckel an kühler Stelle aufbewahren.

Schnelles **Gefrieren** verzögert die unerwünschte Alterung von Backwaren. Darum sollen Brötchen, Weißbrot und auch die verschiedenen übrigen Brot- und Gebäcksorten sobald wie möglich nach dem Backen und Abkühlen **eingefroren** werden.
Große Brotlaibe sollten Sie vor dem Verpacken portionieren. Schneiden Sie das Brot je nach Familiengröße in Hälften, Viertel oder Scheiben. Aufgetautes Brot altert erfahrungsgemäß schneller als frisches. Es muß möglichst innerhalb von 24 Stunden gegessen werden.
Zum **Verpacken** nehmen Sie neue Gefrierbeutel passender Größe. Beschriften Sie die Beutel gewissenhaft. Gefrierclips sind zum Verschließen der Beutel ideal. Dann können Sie später die benötigte Menge mühelos entnehmen und die Beutel sogleich wieder verschließen. Streichen Sie die Luft immer sorgfältig heraus.

Entgegen der üblichen Gewohnheit geben wir Brötchen, Brot und Gebäck im noch leicht lauwarmen Zustand in das **Gefriergerät** und zwar immer in die Mitte, niemals an den Rand. Die Temperaturzone zwischen 0° und – 7° C soll rasch durchschritten werden. Dann bleiben die Backwaren feuchter und die Kruste platzt nicht so schnell ab.
Das Brot darf dabei keinesfalls mit anderen Nahrungsmitteln in Berührung kommen, die antauen würden. Schieben Sie bei kleinen Geräten zur Isolation eine dünne Styroporplatte oder ein Stück Wellpappe zwischen altes und neues Gefriergut.
Backwaren halten sich im allgemeinen volle 12 Monate im Gefriergerät.

Backwaren können Sie bei Raumtemperatur langsam **auftauen**.
Zum schnelleren Auftauen von Backwaren im Backofen werden sie kurz in den auf 200° C vorgeheizten Backofen oder – bei kleinen Mengen – in den Toaster gegeben.
Im Mikrowellengerät können Sie Brötchen, Brot oder Gebäck auf einem Stück Küchenkrepp ohne Abdeckung je nach Menge zwar auch in 1–5 Minuten auftauen, aber sie werden nie knusprig. Für einzelne weiche Brotscheiben, die sie nicht in den Toaster stecken wollen, oder für ein größeres Stück weiches Brot sind Mikrowellengeräte ideal.

**Brötchen** sind nur wenige Stunden nach dem Backen knusprig. Wenn Sie im Brotbehälter aufgehoben werden, können Sie sie zur Not noch am folgenden Tag – kurz mit Wasser befeuchtet – über dem Toaster oder im Backofen aufrösten. Altbacken können wir sie dann für Suppeneinlagen, Arme Ritter oder Semmelknödel verwerten.

Die Gefriereigenschaften von Brötchen sind sehr gut. Legen Sie aber keine Brötchen der ersten Morgenlieferung Ihres Bäckers ins Gefriergerät, denn die waren möglicherweise bereits einmal gefroren.

Die Oberfläche von gefrorenen Backwaren mit Kruste – auch von Brötchen – wird vor dem Aufbacken im Backofen bei 200° C schnell mit Wasser benetzt.

Vom **Baguette** schneiden Sie vor dem Auftauen die beiden knusprigen Enden ab, nicht nur, weil sie frisch besonders gut schmecken, sondern weil das Brot durchlüftet wird und deshalb die Kruste später nicht abplatzt.

**Toast** müssen Sie vor dem Gefrieren zusätzlich verpacken. Die industrielle Verpackung reicht zum Gefrieren nicht aus.

Zum Auftauen geben Sie die gefrorenen Scheiben ins Gerät, dabei tauen und rösten Sie die Scheiben in einem Arbeitsgang.

**Hefebrot** aus Weizen altert schneller als Sauerteigbrot aus Roggen. Selbst das schnell gebakkene Blitzbrot – nach unserem Rezept auf Seite 105 hergestellt – bleibt nur 1 oder 2 Tage frisch.

Was an Brot später verzehrt werden soll, sollten Sie nach den vorhergegangen Anweisungen bald nach dem Backen oder Einkauf haushaltsgerecht portioniert verpacken und einfrieren.

Fertig belegte Brote einzufrieren, bewährt sich vor Ausflügen oder Urlaubsreisen, die einen frühen Aufbruch erfordern oder für Büro- oder Schulbrote. Vielleicht möchten Sie sie vor einer längeren Abwesenheit für die Familienangehörigen vorbereiten. Kräuterbutter, Quark, vollfette Käse, Streichwurst, Roastbeef, Frikadellen sind als Belag ideal. Blattsalate, Tomaten-, Gurken- oder gekochte Eierscheiben sowie Mayonnaise und Marmeladen schmecken dagegen später gar nicht. Weitere gute Kombinationen finden Sie auf S. 94.

**Brot-** oder **Pizzateige** können Sie selbstverständlich auch gefrieren. Aber vom Energieverbrauch her ist es viel günstiger, wenn Sie gleichzeitig mehrere Brote oder eine große Pizza fertig backen und die Produkte oder Reste davon einfrieren. Brotteige, die mehr als daumendick sind, müssen später vor dem Abbacken unbedingt auftauen.
Ein erprobtes Rezept für eine gute gefriergeeignete **Pizza** haben wir für Sie auf der Seite 96 aufgeschrieben.

Was über die Aufbewahrung und das Gefrieren und Auftauen von Brötchen und Brot gesagt wurde, gilt im allgemeinen auch für Kuchenteige, Kuchen und Kleingebäck.

**Kuchenteige** einzufrieren, ist, bis auf wenige Ausnahmen, im allgemeinen unrationell. **Biskuit-** und **Makronenteige** sind gar nicht gefrierbar.
Bei **Rührteigen** müssen Sie aufpassen, daß der Teig vor dem Backen ganz auftaut und die geschmacksgebenden Zutaten später nicht zu intensiv schmekken.
**Strudel** können als backfertig gefüllte Teige oder fertig gebakken eingefroren werden.
Eine größere Portion eingefrorener **Streusel** für Kuchen und warme Süßspeisen spart in der Obstsaison Zeit und Abwasch. Die Zutaten geben Sie nach dem Abwiegen sogleich in einen großen Gefrierbeutel und mischen sie durch einfaches Kneten – nachdem Sie den Beutel verschlossen haben – zu Streuseln.

Auch **Quarkblätterteig** gelingt besser, wenn Sie ihn in großen Mengen herstellen. Was Sie nicht gleich verbrauchen, können Sie portioniert für 2 Monate sehr gut einfrieren. Das Rezept dazu steht auf Seite 125.
**Blätterteig** selbst herzustellen ist sehr mühsam und lohnt sich nur für große Mengen. Aber industriell gefertigt und tiefgekühlt, ist er preiswert und arbeitssparend, dazu sehr variationsfähig. Beachten Sie das Mindesthaltbarkeitsdatum auf der Packung, denn der fetthaltige Teig ist nur begrenzt haltbar. Lassen Sie die einzelnen Teigplatten immer bei normaler Küchentemperatur – also ohne Wärmezufuhr – in etwa 20 Minuten soweit auftauen, daß Sie sie gerade weiterverarbeiten können. Gute Rezepte dafür geben wir Ihnen auf der Seite 124f.

**Fertige Kuchen** lassen sich meistens sehr gut **gefrieren**. Sie können das Gebäck vor dem Gefrieren familiengerecht portionieren und später genau die gewünschte Menge auftauen. Napfkuchen aus Hefeteig oder trockene Rührkuchen backen wir darum gerne in kleinen Papierförmchen.
Aus Hefeteig hergestellte Napfkuchen, Zöpfe, Stollen – auch in Scheiben – und Plattenkuchen, wie Streusel- oder Zuckerkuchen, sind sehr dankbar. Obstkuchen weichen leicht durch. Waffeln, Quarkölteig und Gebäck aus Brandteig, z. B. Windbeutel, haben vorzügliche Gefriereigenschaften. Mit Quark-, Sahne- oder reiner Buttercreme gefüllte Biskuitrollen und -torten sind ebenfalls Favoriten.

Gebackene, aber noch nicht belegte oder gefüllte **Biskuit-** und **Mürbteigböden** für Obstkuchen und Torten lassen sich sehr gut einfrieren. Lösen Sie die Kuchen zunächst aus der Form, frieren Sie sie dann aber in der Form einige Stunden ein. Nach etwa 12 Stunden herausnehmen, dann die Torten in extra-starker Alufolie und zusätzlich in Tortenkartons oder passende Kunststoffbehälter verpacken, weil sie sehr bruchempfindlich sind. Bei Bedarf können Sie dann die Kuchen schnell fertigstellen.
Gefrorene Tortenböden belegen Sie mit frischen, konservierten oder tiefgekühlten Früchten und geben sogleich den Guß darauf. Biskuittorten füllen Sie gefroren mit Creme. Sie tauen erfahrungsgemäß bei Raumtemperatur in 30–60 Minuten auf und lassen sich dann vorsichtig schneiden.

Fertige Sahne- und Cremetorten sollten Sie möglichst erst etwas anfrieren lassen – eventuell auf dem LIEBHERR-Gefriertablett – dann in Portionen schneiden und danach verpacken. Für den großen Gästekreis erst als unzerteilte Torte unverpackt einfrieren, nach einigen Stunden vorschriftsmäßig verpacken. Damit die Garnitur dabei nicht beschädigt wird, stekken Sie vorher einige Zahnstocher aufrecht zur Hälfte hinein. Nach dem Antauen im leicht gefrorenem Zustand aufschneiden.

Damit Sie keine Mißerfolge beim **Einfrieren** fertiger Kuchen und Torten erleben, geben wir Ihnen einige erprobte Ratschläge: Baisermasse und Makronengebäck werden weich.
**Tortenguß** und klarer Gelatineguß werden trübe und flüssig, denn die Gelatine bindet nicht gleichmäßig.
Käsekuchen mit gebackener Quarkauflage schmeckt nach dem Einfrieren nicht mehr gut, da sich die Konsistenz verändert. Das gilt auch für quarkhaltigen Guß auf Obstkuchen. Er wird wäßrig und grießig.
Kuchen erst nach dem Auftauen mit **Puderzucker** bestäuben.
Zucker- oder Schokoladenguß sowie Schokoladenstreusel und -verzierungen werden leicht unansehnlich.
Verzierungen aus Krokant oder Smarties und ähnliches beginnen zu »weinen«.
Gelatinehaltige Füllungen von Torten sind nur dann gefrierfähig, wenn die Masse mit Sahne oder Eiweiß verrührt wurde, z. B. bei Quarksahnetorte.
**Buttercreme**, die mit Puddingzusatz zubereitet wurde, wird wäßrig; Creme aus Butter, Eiern und Zucker ist dagegen sehr gut gefrierbar.

Die **Haltbarkeit** von fertigen Kuchen durch Gefrieren schwankt zwischen 4 und 8 Monaten, wobei Rührkuchen und Hefegebäck am längsten ohne Qualitätseinbußen aufgehoben werden können.
Zum **Auftauen** erzielen Sie bei Raumtemperatur das beste Ergebnis. Für Sahne- oder Cremetorten ist das die einzig befriedigende Methode. Sogenannte »trockene« Kuchen können aber auch im Toaster oder auf Küchenkrepp im Mikrowellengerät tauen. Ungefüllte Windbeutel und Obstkuchen werden durch zehnminütiges Aufbacken im vorgeheizten Backofen bei 200° C am schmackhaftesten.

Wenn Sie frühzeitig Ihr Weihnachtsgebäck herstellen und einfrieren, vermeiden Sie Streß vor den Festtagen. **Kleingebäck** läßt sich sehr gut einfrieren, soweit es nicht mit Schokoladen- oder Zuckerguß, Puderzucker oder Makronenmasse bereitet wurde. Sie müssen es sorgfältig sortenweise in Gefrierdosen verpacken. Damit die Kekse nicht zerbrechen, können Sie – wie zum Verschicken – neutralen Puffmais in die Zwischenräume füllen. Kleingebäck nehmen wir spätestens nach 4 Monaten aus dem Gefriergerät und tauen es immer bei Raumtemperatur auf.

# Von A – Z, was es sonst noch gibt

**Backpulver** wird aus feuchtigkeitsempfindlichem Natron, Weinsäure und isolierendem Stärkepuder gemischt. Verständlich, daß die Beutel stets nur befristet bis zum Mindesthaltbarkeitsdatum in gut verschlossenen Behältern trocken aufgehoben werden dürfen.

**Bonbons** werden durch Feuchtigkeit unansehnlich und klebrig. In gutschließenden Gläsern auf das oberste Fach des Vorratsschranks stellen.

**Brühwürfel, -pasten** und **Beutelsuppen** und **-soßen** ziehen aufgrund des hohen Kochsalzgehalts Wasser an und riechen stark. In festschließenden Behältern im Vorratsschrank aufheben.

**Cornflakes** und alle Arten von **Salzgebäck** werden – einmal angebrochen – schnell weich und schmecken dann fade. Entweder umfüllen oder die Tüten mit einem praktischen Gefrierclip oder zur Not mit einer Wäscheklammer verschließen. Sie können sie im Vorrats- oder Kühlschrank aufheben. Wurde der Inhalt trotzdem weich, 5 Minuten im Backofen aufbacken.

**Essig** heben wir entweder im Vorratsschrank oder im Kühlschrank auf.

**Fertigsoßen, Mayonnaise, Senf, Tomatenketchup** und **Würzsoßen** sollen – einmal angebrochen – innerhalb von 4 Wochen konsumiert werden. Damit sie nicht verderben, müssen diese Artikel grundsätzlich in der Tür des Kühlschranks aufbewahrt werden. LIEBHERR-glass-line-Modelle haben dafür ein gesondertes Tubenfach. **Kapern** und **Oliven** müssen mit Würzflüssigkeit bedeckt sein.

**Fischkonserven** – als eiweißhaltige Halbkonserven – verderben relativ bald. Heben Sie die Dosen kühl auf – möglichst im Kühlschrank – und beachten Sie das Mindesthaltbarkeitsdatum. Den Inhalt geöffneter Dosen stets am gleichen Tag verzehren.

**Gelatine** und **Tortenguß** verlieren ihre Bindefähigkeit, wenn sie feucht gelagert wurden, darum trocken im Vorratsschrank lagern.

**Gewürze** und **getrocknete Kräuter** werden immer noch in zu großen Mengen und in durchsichtigen Glasgefäßen verkauft. Sie sind lichtempfindlich. Stets nur kleine Mengen in gut besuchten Geschäften kaufen. Nicht länger als 1 Jahr lichtgeschützt auf einem Regal in der Innenseite des Vorratsschranks aufheben. Frische Kräuter s. S. 46.

**Hafer-, Müsliflocken, Mehl, Vollkornmehl, Nudeln** und **Reis** in der Packung oder im Gefäß trocken im Vorratsschrank aufheben, denn Kleinlebewesen bevorzugen diese Nahrungsmittel. Da Vollkornmehl wegen des fetthaltigen Weizenkeims rasch ranzig wird, geben Sie es grundsätzlich gleich nach dem Mahlen in das Gefriergerät. Dort hält es sich 2 Monate.

**Honig, Gelee** und **Konfitüren** – in gut zugeschraubten Gläsern – dunkel und nicht länger als 1 Jahr im Vorratsschrank, Kühlschrank oder Keller aufheben. Zu hart gewordener Honig kann kurzfristig bei Auftaustufe im Mikrowellengerät verflüssigt werden. Einfrieren oder eine dünne Schicht Likör auf der Oberschicht verhindert bei längerer Abwesenheit das Austrocknen und Schimmeln von angebrochenen Gelees und Konfitüren. Zuvor den Rand mit Küchenkrepp säubern.

**Hülsenfrüchte** werden nach einem Jahr kaum mehr weich, darum schnell verbrauchen. Gegarte Hülsenfrüchte eignen sich hervorragend zum Gefrieren, mehr dazu auf Seite 44.

**Kakao** in der Packung im Vorratsschrank lagern.

**Knäckebrot** enthält im Gegensatz zu anderem Brot nur 7 % Wasser. Es muß unbedingt separat in einer gut verschlossenen Dose – nie im Brotbehälter – aufgehoben und kann auch eingefroren werden.

**Konserven** sollten trocken und kühl aufgehoben werden. Dosen mit gewölbtem Deckel müssen vernichtet werden, weil der Inhalt verdorben ist. Kaufen Sie keine Dosen mit Stoßfehlern, weil die Innenlackierung beschädigt ist. Füllen Sie den Inhalt angebrochener Dosen immer um, wenn Sie Reste einige Tage im Kühlschrank aufheben oder kurzfristig einfrieren möchten.

**Orangeat, Zitronat, Sultaninen** und alle anderen Sorten von **Trockenfrüchten** werden hart, wenn sie an der Luft liegen, weil sie austrocknen. Ob am Stück oder zerkleinert stets in einem gut verschließbarem Glas im Vorratsschrank, besser im 70 % feuchten LIEBHERR-Biofresh-Fach aufheben. Diese Zutaten können Sie auch einfrieren. Sie bleiben dadurch 1 Jahr feucht.

**Plätzchen** heben Sie kurzfristig und immer sortenweise getrennt – bestimmt aber nach harten und weichen Arten sortiert – in gut verschließbaren Dosen auf. Tagesfrisch bleiben sie durch Einfrieren, s. S. 83.

**Pralinen, Schokolade und Schokoladenstreusel** werden durch Hitze weiß, weil die Kakaobutter austritt. Darum im Sommer in den Kühlschrank legen.

**Vanillezucker**, aus Vanilleschoten und Streuzucker selbst zubereitet, oder synthetischer **Vanillinzucker** gehören prinzipiell bis zum Verbrauch in ein gut verschlossenes Glas in den Vorratsschrank.

**Zucker** heben wir normalerweise in der Tüte oder besser im Behälter auf. Brauner Zucker zieht durch den Mineralgehalt Feuchtigkeit an und muß unbedingt in ein fest verschlossenes Glas umgefüllt werden. Das gilt auch für **Puderzucker**, der trotz Stärkebeimischung durch Feuchtigkeit klumpt und schwierig zu handhaben ist. Packen Sie gleich ein kleines Siebchen mit ins Glas.

# Getränke

**Kaffee** ist ungeröstet beinahe unbegrenzt haltbar. Ganze geröstete Bohnen halten ihr Aroma besser als gemahlene Ware. Auf alle Fälle muß der Kaffee luftdicht in Dosen aufgehoben werden. Wenn Sie ihn in Ihr Gefriergerät legen, behält er etwa 12 Monate sein Aroma.
**Instantkaffee** ist besonders feuchtigkeitsempfindlich. Darum müssen die Gläser extrem gut schließen und nach dem Öffnen sofort wieder gut verschlossen werden.

**Tee** – gleichgültig ob asiatischer oder europäischer Kräuter- und Früchtetee – hat ebenfalls eine fast unbegrenzte Haltbarkeit. Aber auch Tees müssen immer in gut verschlossenen Gläsern oder Dosen, die innen zwecks Rostschutz lackiert sind, aufgehoben werden.
Reste von Kaffee und Tee können Sie im Eiswürfelbehälter einfrieren. Daraus läßt sich später im Nu mit Vanilleeis und Sahne ein Eiskaffee oder mit Zitronensaft ein Eistee zubereiten.

Für die Bereitung von **Eiswürfeln**, die Sie zum Kühlen erfrischender Getränke benötigen, hat Liebherr die praktische **Eiswürfelflasche** entwickelt. Das Wasser verdunstet nicht und nimmt keinen Geschmack an.

**Mineralwasser, Sodawasser, Fruchtsäfte** und **Softdrinks** aber auch **Milch** heben Sie am besten im Flaschenbord der Kühlschranktür auf. LIEBHERR-glass-line-Geräte haben einen kippsicheren Flaschenhalter.
In Tetrapackungen abgepackte Getränke sollten, wenn sie angebrochen wurden, mit einem Gefrierclip oder zur Not einer Wäscheklammer immer gut verschlossen werden.

**Bier** wird im Kühlschrank gelagert, entweder in der Tür oder bei größeren Vorräten auch liegend im Regal.
Kenner stellen außerdem einige Biergläser im Gefriergerät kalt, denn aus so temperierten Gläsern schmeckt das schäumende Getränk noch einmal so gut. Bei genügend Gefrierraum können Sie außerdem kleine Schnapsstamperl in das Gefrierfach legen.

LIEBHERR-Weinklimaschränke sind ideal zur Langzeitlagerung von Weinen bei konstanten Klimaverhältnissen. Sie ersetzen unsere früheren Weinkeller. Für die gleichmäßige Temperatur sorgt eine völlig zugfreie Luftzirkulation, die durch Umluftkühlung erreicht wird. Von außen kann die Innentemperatur zwischen +5° und +18° C gewählt werden. Sicherheitsvorrichtungen garantieren, daß die Temperatur niemals unter +2° C absinkt. Da auch eine Luftfeuchtigkeit von 70–80 % für die Qualitätserhaltung ausschlaggebend ist, wird über Aktivkohlefilter ständig Frischluft gefiltert und dem Kühlraum zugeführt.
In LIEBHERR-Weintemperierschränken können Weinliebhaber oder Gastronome ihre Weinvorräte in 6 unterschiedlichen Klimazonen zwischen +5° und +18° C auf Rosten lagern. Auch hier sorgen Filter für die nötige Frischluftzufuhr und Feuchtigkeit. Die Schränke bieten je nach Beschickung Platz für 129–164 Flaschen.

**Weiß-** und **Roséweine** in kleinen Mengen stellen Sie ins Türfach Ihres Kühlschranks. Einmal angebrochene Weinflaschen werden gelegt, damit die Korken feucht bleiben. Weinreste können im Eiswürfelbehälter für Soßen eingefroren werden.

**Rotwein** in kleinen Mengen lagern Sie kurzfristig liegend im Vorratsschrank, langfristig im Weinklimaschrank oder Keller.

**Sekt** wird in kleinen Mengen für den baldigen Verbrauch im Kühlschrank gelagert.

**Südweine** – Sherry oder Port – werden ebenfalls leicht gekühlt serviert und darum im Kühlschrank aufgehoben.

**Klare Schnäpse**, typische Beispiele sind Steinhäger, Gin, Wodka und Obstler, lagern Sie am besten im Gefrierfach. Sie werden stark heruntergekühlt. Sie brauchen keine Sorge zu haben, daß die Flaschen platzen könnten, denn der hohe Alkoholgehalt dieser Getränke verhindert das Gefrieren.

*Unser Tip:*
*Wir warnen aus Erfahrung davor, Getränke zum raschen Kühlen ins Gefrierfach zu legen. Oft wird die Flasche dort vergessen. Sie platzt, der Inhalt verteilt sich im Gerät und die Aufräumungsarbeiten sind wegen der Glassplitter gefährlich. Es ist erwiesen, daß Wein in einem Gefäß mit kaltem Wasser und Eiswürfeln viel schneller die gewünschte Temperatur annimmt als im Gefrierfach.*

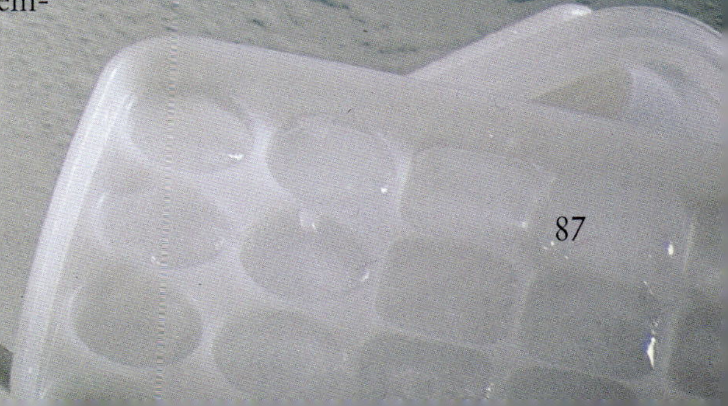

# Fertiggerichte und Reste

Gelegentlich kocht eine Hausfrau speziell Gerichte zum Einfrieren. In der Regel wird sie aber eher an einem normalen Arbeitstag die doppelte oder sogar vielfache Menge der normalen Portionen zubereiten, um diese anschließend zur späteren Verwendung zu gefrieren. Außerdem gibt es Situationen, bei denen beispielsweise der Hunger der Tischgäste überschätzt wurde oder ein Gast nicht kam. Die dann anfallenden Reste können nach dem Abkühlen zwei Tage in einem Gefäß abgedeckt im Kühlschrank aufgehoben werden. Oft eignen sich diese Reste auch zum Gefrieren.

Nicht alle fertigen Gerichte haben gleich gute Gefriereigenschaften. Beobachten Sie das industrielle Angebot des Einzelhandels und der Heimgefrierdienste. Dort werden solche Gerichte angeboten, die einen hohen Beliebtheitsgrad haben, also vielen Menschen schmecken. Außerdem hat die Industrie vorzügliche Möglichkeiten, die Gefrierfähigkeit von Fertiggerichten zu testen. Wir können daraus lernen. Selbst wenn Sie unsere folgenden Hinweise beachten, werden Sie persönliche Pionierarbeit leisten und eigene Erfahrungen sammeln müssen. Aber das macht Ihre Küchenarbeit auch spannend. Ein gelegentlicher Mißerfolg wird durch die Bequemlichkeit, die durch das Einfrieren halbfertiger oder fertiger Speisen entsteht, mehr als aufgewogen.
Fertiggerichte, die eingefroren werden sollen, müssen unmittelbar nach der Herstellung abkühlen, dann sogleich haushaltsgerecht portioniert und in das Gefriergerät gegeben werden.

*Wir können nicht oft genug darauf hinweisen, daß die Portionen nicht zu groß sein sollen.*
*Kleine Portionen gefrieren und tauen schneller.*
*Bei kleinen Portionen ist die Chance, daß sie gleich nach dem Auftauen verzehrt werden, größer.*

In den meisten Fällen werden die Fertiggerichte in **Gefrierdosen** verpackt. Kalkulieren Sie beim Abfüllen immer einen fingerhohen Leerraum für die Ausdehnung ein.

Für Singles und Senioren bewährt es sich, fertige komplette Gerichte zusammenzustellen und diese möglichst gleich als Tellergerichte zu gefrieren. Aluminiumteller mit niedrigem Rand oder feuerfeste Glasteller, die später zum Auftauen und Erwärmen in das Mikrowellengerät gestellt werden können, sind am besten dafür. Sie nehmen auch relativ wenig Platz ein. Sie sollten die Speisen möglichst so auf den Teller geben, daß sie einerseits appetitlich aussehen, andererseits ungefähr die gleiche Höhe haben. Sonst sind die Erwärmungszeiten später unterschiedlich. Außerdem müssen die Teller sehr sorgfältig mit passenden Alu- oder Kunststoffdeckeln oder extra-starker Aluminiumfolie umhüllt und zusätzlich in einen großen Gefrierbeutel gegeben werden. In diesem Fall dürfen Sie den Gefrierbeutel anschließend ausnahmsweise noch ein zweites Mal verwenden, denn er kam nicht mit den Speisen in Berührung.

Neben Gefrierdosen und feuerfesten Tellern bewähren sich **Gefrier-Kochbeutel** zum Verpakken. Sie können mit dem Inhalt bequem im Wasserbad, einem Topf mit siedendem Wasser, erwärmt und direkt in die Schüssel oder auf den Teller gefüllt werden.
Wenn Sie Kochbeutelgerichte im Mikrowellengerät auftauen und erhitzen, müssen Sie den Beutel zuvor anstechen. Dadurch wird der Effekt teilweise eingeschränkt, denn nur zu leicht quillt etwas von den Speisen heraus und der Drehteller oder der Kochbehälter müssen abgewaschen werden.

*In jedem Fall sollten Sie die Speisen so früh wie nötig und so spät wie möglich aus dem Gefriergerät nehmen. Sonst sind sie entweder zu kalt oder die zersetzenden Bakterien beginnen zu arbeiten.*

Zum **Auftauen industriell hergestellter Speisen** richten Sie sich stets nach den Angaben auf den Verpackungen.

Um die Speisen leichter aus der Umhüllung nehmen zu können, halten Sie das verschlossene Paket oder den Behälter kurz unter fließendes kaltes oder lauwarmes Wasser.

Breiartiges Gemüse und **Fertiggerichte** legen Sie zum raschen Auftauen in der Verpackung mit einem Gewicht beschwert in eine Schüssel mit heißem Wasser.
Für das Auftauen im Mikrowellengerät lesen Sie die Bedienungsanleitung Ihres Gerätes. Als Faustregel gilt: Bei 300 g schalten Sie das Gerät 2mal 3 Minuten auf Auftaustufe ein.

**Gemüse-** oder **gemischte Salate**, mit Nudeln oder Reis beispielsweise, sowie Süßspeisen lassen Sie am besten zugedeckt entweder im Kühlschrank oder – schneller – in der Küche ganz auftauen.

**Suppeneinlagen** wie Leberspätzle, Flädle, Käse- oder Grießklößchen geben Sie gefroren in die siedende Brühe. Sie tauen im Nu auf.

**Ravioli, Klöße** und **Spätzle** können Sie ebenfalls gefroren in leise siedendes Salzwasser geben und garziehen lassen. Ravioli und Spätzle können aber auch locker auf einer runden Platte ausgebreitet und mit etwas Wasser bedeckt und zugedeckt im Mikrowellengerät aufgetaut und aufgewärmt werden.

Größere Portionen von **Fleischgerichten** in Soßen, beispielsweise Bratenscheiben, Gulasch, Rouladen oder Hühnerkleinteile, aber auch Kohlrouladen und gefüllte Paprikaschoten, sollten – genau wie breiartiges Gemüse oder gebundene **Suppen** und **Soßen, Eintöpfe** oder **Kartoffelbrei** – zunächst antauen. Sie werden dann in einem dickwandigen Topf unter geringer Wasserzugabe bei sehr sparsamer Hitzezufuhr langsam erwärmt. Weil diese Gerichte gern anbrennen, ist Vorsicht geboten.

**Kochbeutelgerichte** – günstig sind beispielsweise Rotkohl, Kartoffelbrei, Wirsinggemüse, Lauch in heller Soße, Sauerkraut, Bologneser Soße, um nur einige zu nennen – können Sie je nach Menge in 15–30 Minuten in leise siedendem Wasser auftauen und erwärmen. Dabei handelt es sich fast immer um kleinere Portionen.
**Braten** zum Kaltaufschneiden, auch Roastbeef, tauen Sie am besten zunächst im Kühlschrank an. Schneiden Sie ihn dann im leicht gefrorenen Zustand mit dem Elektromesser oder der elektrischen Schneidemaschine.

Vorgebratene Speisen – Frikadellen, Koteletts, Kroketten, Reibekuchen, Pommes frites – werden entweder in der Pfanne aufgebraten oder nach und nach in kleinen Portionen in der Friteuse erhitzt. Wenn Sie zuviel auf einmal in das heiße Fett tun, kühlt das Fett zu sehr ab und zieht dann in die Nahrungsmittel ein. Sie werden dadurch unangenehm fettig und schwer verdaulich.

Gratinierte Gerichte lassen Sie möglichst im Kühlschrank antauen. Vor dem Einschieben mit der appetitanregenden Schicht aus Zucker oder Käse und Paniermehl und Butterflöckchen oder mit Baisermasse versehen und dann wie gewohnt backen.

Panierte Gerichte – ein typisches Beispiel sind die beliebten Fischstäbchen – werden entweder gefroren in einer Pfanne mit dikkem Boden in wenig heißem Fett gebraten oder unter dem Grill aufgetaut und erwärmt. Für die Friteuse gelten die gleichen Regeln wie bei gebratenen Speisen. Im Mikrowellengerät wird die Panade weich und unappetitlich.

**Gebäck** wird am besten, wenn es kurz im Ofen aufgebacken wird. Zarte Sahnetorten allerdings lassen Sie im Kühlschrank oder der Küche auftauen und schneiden sie – falls nötig – im noch leicht gefrorenem Zustand.
Über Auftaumöglichkeiten von Gebäck im Mikrowellengerät informiert Sie die jeweilige Bedienungsanweisung. Für Creme- und Sahnetorten eignen sich die Geräte nicht. Viele weiche Kuchen werden auf Küchenkrepp ohne Abdeckung zufriedenstellend darin aufgetaut.

**Babykost** wird am besten zum antauen in den Kühlschrank gestellt und dann vorsichtig im Wasserbad, dem Fläschchenwärmer oder im Mikrowellengerät erhitzt. Immer gut umrühren, die Temperatur prüfen und Reste verantwortungsbewußt vernichten.

*Gut zu wissen:*
***Nur frische, erstklassige Speisen einfrieren.*** *Nach Möglichkeit vermeiden, Speisen aus bereits einmal gefrorenen Zutaten ein zweites Mal zu gefrieren.*

Die Garzeiten knapp kalkulieren. Beim Gefrieren geben die Zellkerne Feuchtigkeit an die Zellzwischenräume ab, sie schrumpfen dabei ein. Die Flüssigkeit in den Zellzwischenräumen bildet spitze Eiskristalle, die teilweise die Zellwände durchstoßen. Die Speisen werden dadurch weicher. Darum die zu gefrierenden Portionen eher aus dem Topf nehmen.

**Fett, Milch** und **Gewürze** nur sparsam einsetzen. Fett verkürzt die Haltbarkeit. Milch wird gelegentlich grießig. Gewürze schmecken oft zu stark.

Keine Gerichte mit gekochten **Eiern** gefrieren.

Keine Gerichte mit viel geschlagenem **Eischnee** – beispielsweise Soufflés oder Baiserhauben – einfrieren, Eischnee fällt zusammen.

**Gelatinespeisen** sind nur dann gefrierfähig, wenn sie einen Eischnee- und Sahnezusatz haben. Wackelpeter, Obstgelee und Tortenguß nicht einfrieren.

Suppen, Soßen und Pudding nicht mit normalem **Mehl** oder **Speisestärke** binden. Industrielle Bindemittel, -Suppen, -Soßen, Grieß und Sago sind gefrierfähig.

**Kartoffeln** selbst sind nicht besonders gefriergeeignet, Kartoffelbrei und Rösti hingegen günstig für Tellergerichte.

**Nudeln** knapp garen und nur einfrieren, wenn Sie viel Platz haben und kurzfristig für Singles sorgen möchten.

**Reis** hat vorzügliche Gefriereigenschaften, beansprucht aber Raum. Nur knapp garen. Erst auf dem LIEBHERR-Gefriertablett gefrieren und dann in Gefrier-Kochbeutel oder Behälter umfüllen, um später Miniportionen entnehmen zu können.

Folgende **Gewürze** und **Kräuter** vertragen das Gefrieren gut: Bohnenkraut, Kapern, Kümmel, Ingwer, Majoran, Meerrettich, Muskat, Nelken, Pfeffer, Vanille, Zimt und Zitronenschale. Sie schmekken jedoch intensiver.
Folgende Gewürze und Kräuter sollten Sie besser erst nach dem Gefrieren zufügen: Essig, Sherry, Wein, Basilikum, Dill, Estragon, Kerbel, Knoblauch, Petersilie, Salbei, Schnittlauch, Selleriesalz, Thymian und Zwiebeln.

Gute Gefriereigenschaften haben: Stark blähende Speisen – Hülsenfrüchte oder Kohl –, denn durch das Gefrieren wird die Blähwirkung vermindert.
Gerichte, die erfahrungsgemäß in großen Mengen besser gelingen: Eierstich, Leberspätzle oder -knödel, Bologneser Soße, Siedfleisch, Zunge, große Braten, Wildgerichte, Gänseklein.
Gerichte mit langen Garzeiten: Rote Bete, Ochsenschwanz, Hülsenfrüchte und Siedfleisch.
Arbeitsintensive Gerichte wie Heringssalat, Quiche Lorraine, Pizza, Leberknödel, Gulasch, Kohlrouladen, Rouladen, Lasagne, Grünkohl, Ratatouille, Semmelknödel, Spätzle, Reibekuchen und Apfelmus.
Gerichte, deren Grundmasse verwandlungsfähig ist: Hackfleischgerichte, Eierkuchenvariationen, Quarksüßspeisen, Nudel- und Reisaufläufe, weiße Bohnen.

# ÜBERSICHT: Auftauzeiten

| Lebensmittel / Gewicht | Kühlschrank bei 5° C | im Raum bei 20° C | Mikrowelle 90/180 W. |
|---|---|---|---|
| Bratenstücke (800 – 1000 g)<br>je cm Höhe | 20 – 30 Std.<br>ca. 3 Std. | 6 – 10 Std.<br>ca. 1 Std. | 20 – 30 Min. |
| Hähnchen (600 – 800 g) | 12 – 16 Std. | 5 – 7 Std. | 25 – 30 Min. |
| Huhn/Ente (1,5 kg) | 22 – 25 Std. | 12 – 15 Std. | 30 – 45 Min. |
| Gans/Pute (4 – 6 kg) | 35 – 38 Std. | 16 – 20 Std. | 50 – 60 Min. |
| größere Fische (800 – 1000 g) | 12 – 14 Std. | 3 – 6 Std. | 20 – 35 Min. |
| Beerenobst (400 g) | 10 – 12 Std. | 4 – 6 Std. | 8 – 11 Min. |
| Steinobst (400 g) | 10 – 12 Std. | 5 – 7 Std. | 8 – 12 Min. |
| Butter (250 g) | 4 Std. | 2 Std. | |
| Brötchen (1 Stück) | | 3 – 5 Std. | ½ Min. |
| Brot (500 g) | | 9 – 12 Std. | 5 – 8 Min. |
| ganzer Kuchen (800 g) | | 3 – 6 Std. | 2 – 4 Min. |

# Rezepte für gefrier-geeignete Gerichte

## Müsli

**125 ml Wasser** mit **4 EL Honig, weißem** *oder* **braunem Zucker** *oder* **knapp 1 TL flüssigem Süßstoff** mischen. **12 EL gemischte Müsli-** *oder* **Haferflocken** (200 g) zugedeckt 3 Stunden quellen lassen. **500 g frische Früchte** (**Äpfel, Apfelsinen, Aprikosen, Birnen, Erdbeeren, Himbeeren, Mandarinen, Melone, Pflaumen, Trauben**) reinigen und zerkleinern. Mit dem **Saft von 2 Zitronen** und **125 ml Milch** unter die gequollenen Flocken rühren. Auf vier Portionsschälchen verteilen. **4 TL grobgehackte Mandeln** *oder* **Nüsse** daraufstreuen. Mit extra-starker Alufolie luftdicht abdecken und einfrieren. Zum Auftauen abends zuvor in den Kühlschrank und 30 Minuten vor dem Verzehr in die Küche stellen.

## Belegte Brote

Zunächst die Schnitten gleichmäßig mit Butter oder Diät-Margarine bestreichen. Außer den auf Seite 80 genannten Brotbelägen hier zwei gute Füllungen:

*Kräuteromelett:* **4 Eier** mit **4 EL gehackten, gemischten Kräutern** *oder* **Champignons, 4 EL Milch** *oder* **Wasser, Salz** und **Pfeffer** gut verschlagen. Nacheinander in heißem **Öl** daraus 4 dünne Omeletts backen. Abgekühlt auf die Brote legen.

*Ölsardinen- oder Thunfisch-Paste:* Das Öl von **1 Dose Fischkonserven** gut abtropfen lassen, den Fisch mit der Gabel zerdrükken. **1 kleingehackte Zwiebel, 1 geschälte, entkernte, kleingewürfelte Tomate, 1 EL kleingehackte Petersilie, 1 TL Zitronensaft** daruntermischen. Mit **Salz** und **Pfeffer** abschmecken.

Dieses Rezept können Sie auch als *Corned Beef-Paste* abwandeln.

## Bunter Nudelsalat

**125 g Schleifchennudeln** (Pasta Farfalle) in reichlich **Wasser** mit je **1 TL Salz** und **Öl** in 5 Minuten knapp garen. Auf einem Sieb abtropfen lassen.
**200 g geputzte, gewürfelte Möhren** 3 Minuten in Salzwasser kochen, dann **200 g geputzte Blumenkohlröschen** zufügen. Nach 2 Minuten **200 g TK-Erbsen** beigeben. Die Gemüsemischung noch 1 Minute garen. Abgießen und abkühlen lassen.
**100 g von Fett und Schwarten befreiter gekochter Schinken** kleinwürfeln. Die genannten Zutaten mit **200 g leichter** *industriell hergestellter* **Mayonnaise** und **2 EL Weißweinessig** vermischen. Mit **Salz** und **frischgemahlenem weißen Pfeffer** würzig abschmecken.
In einer Gefrierdose oder einer passenden Schüssel für die nächste Party oder den sonntäglichen Picknickausflug einfrieren.

## Geräucherte Forellen

Fangfrische **Forellen** säubern. Schlaufen aus kräftigem Bindfaden oder dünnem Draht durch die Kiemen ziehen. Erst 1 Stunde in einer Mischung aus **100 g Salz** auf **je 1 l Wasser**, dann 3 Stunden mit reichlich grobem Salz bedeckt pökeln. Das Salz abstreifen, die Fische 30 Minuten kühl lagern bis sie glänzen. In einen Spezial-Räucherofen oder in einem aus einer alten Wassertonne aus Blech gebastelten Hobbyofen harzfreies Holz (Buche, Eiche, Erle, Wacholder) anzünden. Die Fische auf dem Rost hineinlegen oder an einem Eisenstab befestigt aufhängen. Je nach Größe 3–4 Stunden bei 90° C heißräuchern. Für die letzten 30 Minuten das Holz mit feuchten Spänen zudecken und die Luftzufuhr drosseln. So entsteht der geschmackgebende Schwelbrand.
Nach dem Abkühlen einzeln in extra-starke Alufolie verpacken und einfrieren.
Nach dem Auftauen angewärmt mit Meerrettichsahne (s. S. 75) servieren.

## Wildsalat Wingertsberg

**4 Birnenhälften** aus der Dose auf 4 Vorspeisenteller verteilen.
**250 g gegartes Wildfleisch** in feine Streifen schneiden. **1 Glas Pfifferlinge (300 g)** abtropfen lassen und mit **2 EL Zitronensaft** beträufeln. Das Fleisch mit den Pilzen, **150 g abgetropften Ananaswürfeln** aus der Dose, **2 EL grob gehackten Walnüssen** vermischen. Aus **1 Becher Sahne-Dickmilch (175 g), 1 Stamperl Kognak, 2 EL trockenem Sherry, Salz** und **frischgemahlenem schwarzen Pfeffer** eine Soße rühren.
Unter die Salatmischung heben. 20 Minuten im Kühlschrank durchziehen lassen. Auf die Birnenhälften verteilen und mit **Petersilie** bestreuen.
So vorbereitet, die Vorspeisenteller erst mit Klarsichtfolie, dann mit extra-starker Alufolie überziehen und einfrieren.
3 Stunden ehe die Gäste kommen in der Küche auftauen. Dieser Salat ist ideal für die Weihnachtstage.

## Lasagne mit Spinat

**300 g geputzter, grobgeschnittener Spinat** mit dem anhaftendem **Wasser** zum Kochen bringen. Zugedeckt bei milder Hitze 8 Minuten garen. Abtropfen lassen und feinschneiden. *Oder* **300 g TK-Junger Spinat** auftauen und abtropfen lassen.
**200 g Zwiebelwürfel** mit **150 g kleingewürfeltem gekochten Schinken** in **2 EL Öl** andünsten. **1 kleine Dose geschälte, pürierte Tomaten (400 g)** zufügen. Die Soße mit **Thymian, Oregano, Salz** und **Pfeffer** abschmecken. Aus **500 ml Milch, 1 Päckchen »Helle Soße«, 100 g geriebenem Emmentaler** eine Käsesoße kochen. Nacheinander mit **150 g ungegarten Lasagne-Nudelblättern** in eine **gefettete** Form einschichten: Nudeln, Spinat und Käsesoße. Beim zweiten Mal Nudeln, Tomaten und Käsesoße hineingeben.
Die Form erst mit Klarsichtfolie abdecken, dann in extra-starke Alufolie verpackt einfrieren.
Vor dem Backen (30 Minuten bei 200° C) völlig auftauen.

## Pizzavariationen

**Brotteig** nach dem Rezept von S. 105 zubereiten, dabei nach Belieben das Vollkornmehl durch Weizenmehl Type 405 oder 550 austauschen.
Auf zwei **gefettete** runde Bleche von 28 cm Durchmesser oder auf ein gefettetes Kuchenblech ausrollen. Dünn mit **Olivenöl** bepinseln. Dann mit **600 g abgetropften geschälten frischen** *oder* **konservierten Eiertomaten, je 200 g Schinken** *oder* **Salami, Mozzarella** *oder* **Schmelzkäse,** außerdem **einigen Oliven, eingelegten Artischocken, Champignons** und **Sardellen** belegen. Mit **Oregano, Salz, Pfeffer** und **2 EL Olivenöl** würzen und beträufeln. An warmer Stelle etwa 20 Minuten gehen lassen. Die Pizza bei 250° C im vorgeheizten Ofen auf der mittleren Schiene in 20 Minuten backen. In extra-starke Alufolie einpacken; maximal 2 Monate gefrieren. Noch gefroren im Backofen erhitzen. Sie können auch die ungebackene Pizza gefrieren und nach dem Auftauen wie gewohnt backen.

## Zwiebelkuchen

**150 g Weizenmehl Type 405, 60 g Butter** *oder* **Margarine, 1 Ei, ½ TL Salz** und **1–2 EL Wasser** zu einem geschmeidigen Teig kneten. Den Boden und einen fingerhohen Rand einer 28 cm großen, **gefetteten** Springform damit auskleiden. Den Boden einige Male mit der Gabel einstechen. **400 g in Ringe geschnittene Zwiebeln** in **3 EL Öl** goldblond dünsten, abkühlen lassen. Mit **50 g mageren,** ausgelassenen **Schinken-** *oder* **Speckwürfeln** gemischt auf den Teig geben. Mit einem Guß aus **3 Eiern** und **200 ml saurer Sahne, Salz** und **weißem Pfeffer** begießen. Im vorgeheizten Backofen bei 200° C in ca. 35 Minuten nicht zu dunkel backen. Noch heiß achteln.
In extra-starke Alufolie verpackt für maximal 2 Monate gefrieren.
Für ein großes, rechteckiges Blech müssen Sie die doppelte Zutatenmenge nehmen. Sie können den Mürbeteig durch Hefeteig (s. S. 105) austauschen.

## Vichysoisse – Lauchsuppe

Das Weiße von **2 dicken Stangen geputztem Lauch** in daumenbreite Ringe schneiden. Mit **250 g gewürfelten Kartoffeln** und **500 ml Brühe (Würfel)** in 15 Minuten zugedeckt weich kochen. Mit dem Pürierstab des Elektroquirls zerkleinern. Im Kühlschrank mindestens 6 Stunden gut abkühlen lassen. Mit **Salz, weißem Pfeffer** und **Muskat** kräftig abschmecken. **200 ml Sahne** steif schlagen, unterheben. Die Suppe in familiengerechte Portionen – aber nicht mehr als 1 Liter – in Gefrierdosen füllen und einfrieren.
Nach dem Auftauen nochmals durchschlagen. Mit **Schnittlauch** bestreuen. Als sommerliche kalte Vorsuppe – Vichysoisse genannt – reichen.
Im Winter können Sie diese Suppe auch heiß mit **gerösteten Brotwürfeln** als Lauchsuppe servieren.

## Zwiebelsuppe

**4 in Ringe gehobelte große Zwiebeln** in **2 EL Öl** unter stetigem Rühren bei mäßiger Hitze im großen Topf mittelbraun dünsten. Mit **1 l Brühe (Würfel)** ablöschen. Mit **weißem Pfeffer, etwas scharfem Cayennepfeffer, Muskat, 1 Stamperl Kognak (20 ml)** und **1 Schuß Weißwein** abschmecken. Zugedeckt 30 Minuten leise köcheln lassen. Die verkochte Flüssigkeit wieder auffüllen. Abkühlen und portioniert in Gefrierdosen oder Tassen einfrieren.
Nach dem Auftauen in einem Topf oder im Mikrowellengerät erwärmen und auf feuerfeste Suppentassen verteilen. Jeweils **1–2 Scheiben getoastetes Baguette** und **1 EL feingeriebenen mittelalten Gouda** *oder* **Sbrinz** auf die Portionen geben und den Käse unter dem Grill schmelzen lassen.

## Wildrahmsuppe

**1 EL Öl** in einem Topf erhitzen. **200 g kleingeschnittenes Wildfleisch** darin mittelbraun anbraten. **1 kleingehackte mittelgroße Zwiebel** und **150 g geputzte, in dünne Scheiben geschnittene, Steinpilze** zufügen und mitdünsten. **1 Päckchen Steinpilzsuppe** für 1 Liter Flüssigkeit zugeben. Mit **1 l Wasser** ablöschen, aufkochen. **1 Stamperl Kognak, 1 Lorbeerblatt** und **Pfeffer** dazugeben. Abschmecken.
Die Suppe abkühlen lassen und in Portionen von höchstens 1 Liter in Gefrierdosen einfrieren. Sie ist nur gefrierfähig, wenn sie mit Päckchensuppe zubereitet wurde.
Nach dem Auftauen unter Rühren erwärmen. **1 Becher Sahne-Dickmilch (175 g)** unmittelbar vor dem Essen darunterschlagen. Mit **feingehackter frischer Petersilie** bestreut in Tassen servieren.
Diese Suppe ist sehr praktisch für Feiertage.

## Hackfleischrolle

Aus **125 g sehr gut abgetropftem,** *trockenem* **Magerquark, 1 Ei, 1 Eigelb, 4 EL Sojaöl, 300 g Weizenmehl Type 405, ½ TL Salz** und **1 Beutel Backpulver** rasch einen glatten Teig kneten und kühlen. Zwischen zwei Lagen bemehltem Backpapier zu einem 30x40 cm großen Rechteck ausrollen.

Für die *Füllung* **2 große kleingewürfelte Zwiebeln** und **1 feinzerdrückte Knoblauchzehe** in **2 EL Öl** andünsten.

**2 eingeweichte, gut ausgedrückte alte Brötchen, 600 g gemischtes mageres Hackfleisch, 1 Ei, 1 Eiweiß, 1 gestr. TL Salz, Pfeffer** und **Paprika gut vermischen.** Zum Schluß **300 g feine rote Paprikastreifen** daruntergeben. Auf den Teig verstreichen. Mit Hilfe des Papiers aufrollen. Mit **Kaffeesahne** bepinseln. Auf der mittleren Schiene 45 Minuten bei 200° C backen.

Abgekühlt in Stücke schneiden und portionsweise verpackt einfrieren.

Im Backofen bei 200° C auftauen und erhitzen.

## Leberknödel

**8 in Scheiben geschnittene alte Brötchen** *oder* **300 g Knödelbrot** mit ca. ⅜ **l lauwarmer Milch** übergießen. **1 kleingewürfelte mittelgroße Zwiebel** in **3 EL Öl** goldbraun braten. **3 Eier** mit **400 g durchgedrehter junger Rinderleber,** dem Brot und den Zwiebeln gut vermengen. Mit **Salz, Majoran, 2 EL feingehackter Petersilie, etwas feingeriebener unbehandelter Zitronenschale, Muskat** und **Pfeffer abschmekken.** In einem großen Topf **Wasser** mit **Salz** (je Liter 1 EL) bis kurz vors Kochen bringen. Portionsweise größere oder kleinere Leberknödel in ca. 20 Minuten ohne Deckel leise garziehen lassen.

Nach dem Erkalten erst auf dem LIEBHERR-Gefriertablett gefrieren. Nach 12 Stunden endgültig in Gefrierdosen verpacken. Gefroren in Brühe oder aufgetaut auf Kraut heiß werden lassen.

## Lammragout

**500 g Lammfleisch** aus der Schulter, in 3 cm große Würfel geschnitten, mit **1 großen Becher Dickmilch (500 g)** eine Stunde zugedeckt im Kühlschrank beizen.

**2 EL Olivenöl** erhitzen, **1 kleingewürfelte große Zwiebel** darin mittelbraun dünsten. **6 zerstoßene Gewürznelken, 1 EL Kurkuma (Gelbwurz), 1 TL zerstoßenen Koriander, 1 Pr. Kardamom, 1 frische Chilischote, 1 kleingeschnittene Knoblauchzehe** und **2 EL Tomatenmark** mit **125 ml Brühe (Würfel)** zufügen. Dann das Fleisch mit der Dickmilch in den Topf geben. Den Deckel auflegen, zum Kochen bringen. Bei mäßiger Hitze in 45–60 Minuten garen. Mit **Salz** abschmecken.

Abgekühlt portionieren und in Gefrierdosen einfrieren. Es lohnt sich, eine große Portion zu kochen.

Nach dem Auftauen erwärmen und als afghanische Spezialität mit Sesam-Fladenbrot und Knoblauchsoße reichen.

## Wiener Tafelspitz

**1 ungeschälte, geviertelte Zwiebel** mit **250 g Suppengrün (Lauch, Möhren, Petersilienwurzel** und **Sellerie)** in **1 EL Öl** andünsten. Mit **1 kg Rinderknochen, 1 EL Salz, 1 Lorbeerblatt, 1 Nelke, einigen Senf-** und **Pfefferkörnern** und ca. **1,5 l Wasser** fast zum Sieden bringen.
**1 kg Tafelspitz (Hüferschwanzel** *oder* **Schwanzstück vom Rind)** zufügen. Zunächst 20 Minuten leise köcheln lassen. Die Brühe darf nur bis kurz vors Kochen erhitzt werden. Dann die Wärmezufuhr reduzieren. Das Fleisch je nach Alter des Tieres insgesamt in 80–100 Minuten garziehen lassen.
Vor dem Aufschneiden den Tafelspitz mit Alufolie abgedeckt 5 Minuten stehen lassen, damit sich der Fleischsaft setzt.
Ochsenbrust können Sie genauso zubereiten.
Zum Gefrieren mit Brühe bedeckt in Gefrierdosen geben. Vor dem Erwärmen auftauen lassen, dann zunächst die Brühe aufkochen.
Gut mit Kräuter-Quarksoße.

## Große Rindsroulade

**300 g geputzten Blattspinat** mit dem **Tropfwasser** und **etwas Salz** 6 Minuten im großen Topf erhitzen. *Oder* **300 g TK-Blattspinat** auftauen lassen. Das Gemüse auf einem Sieb abtropfen lassen.
**1 kg Rinderkeule** – als eine große kleinfingerdicke Scheibe geschnitten – von Sehnen befreien, **salzen** und **pfeffern**. Den Blattspinat auf das Fleisch verteilen.
**1 gewürfelte mittelgroße Zwiebel** in **1 EL Butter** hell anbraten, **200 g mageres Rinderhackfleisch** dazugeben und kurz mitbraten. **Würzen** und abgekühlt auf den Spinat verteilen. Das Fleisch fest zusammenrollen und mit Küchengarn gut umwickeln.
In **30 g Butter** anbraten, mit **knapp 500 ml Brühe (TK** oder **Würfel)** begießen. Zugedeckt in etwa 2 Stunden weich schmoren. Das Fleisch vor dem Aufschneiden 5 Minuten ruhen lassen.Den Bratenfond loskochen und mit **Rotwein** abschmecken.
In Gefrierdosen portioniert und mit Soße bedeckt einfrieren.

## Apfelschweinebraten

**500 g ausgelöster** – also von Knochen befreiter – **Schweinerücken** (Kotelettstück) **salzen** und **pfeffern.**
In einem Schmortopf **20 g Butterschmalz** erhitzen, das Fleisch darin allseitig bräunen. Mit gut **250 ml Brühe (TK** *oder* **Würfel)** aufgießen, zugedeckt insgesamt 60–70 Minuten schmoren. Ab und zu begießen.
10 Minuten vor Ende der Bratzeit **2 in Ringe geschnittene mittelgroße Zwiebeln** und **4 geviertelte, geschälte kleine säuerliche Äpfel** dazugeben. Mit je **1 Prise Zimt** und **Nelkenpulver** bestäuben.
Vor dem Aufschneiden das Fleisch mit Alufolie bedeckt ca. 5 Minuten ruhen lassen.
Zum Gefrieren mit der Apfel-Zwiebel-Soße portioniert in Gefrierdosen füllen.
Im Topf auf dem Herd oder im Glasgeschirr im Mikrowellengerät auftauen und erhitzen.

## Schweizer Rösti

**1 l Wasser** mit **1 TL Salz** und **1 kg leicht mehligen unzerteilten Kartoffeln (Charlotte, Granola, Urgenta)** aufkochen. In 20 Minuten knapp garen. Auskühlen lassen. Auf der Rösti- oder groben Rohkostreibe reiben.
**50 g Schweineschmalz** in einer Pfanne mit dickem beschichteten Boden erwärmen. Die Kartoffeln mit **½ TL Salz** bei mäßiger Hitze unter gelegentlichem Wenden darin leicht anbraten und zum Kuchen formen. Dann nicht mehr bewegen. Zudecken und weitere 15 Minuten braten, so daß sich eine Kruste bildet. **20 g Butter** in kleinen Stücken ringsum an den Pfannenrand geben und schmelzen lassen. Rösti weitere 5 Minuten braten. Dann auf eine Platte stürzen. Sie können Rösti auch in Einpersonenportionen backen. Ausgekühlt in extra-starke Alufolie verpackt einfrieren. Rösti sind ideal für Tellergerichte.
Nach dem Tauen mit wenig Fett in der Pfanne aufbraten.

## Bunte Käsenudeln

**300 g gemischte helle, rote** und **grüne Bandnudeln** wie gewohnt in reichlich kochendem **Wasser** mit **1 EL Öl** und **Salz** nur knapp – also mit starkem Biß – garen. Auf einem Sieb abtropfen lassen. **250 g mageres gemischtes Hackfleisch** mit **1 eingeweichtem, ausgedrücktem zerzupftem Brötchen, 1 Ei, 1 gehackten kleinen Zwiebel, Salz** und **Pfeffer** vermischen. Mit feuchten Händen walnußgroße Klößchen formen. In leise siedendem Salzwasser in 10 Minuten garen. Ebenfalls abtropfen lassen. Mit den Nudeln und **je 40 g geriebenem Emmentaler** und **Parmesan** vermischen. In Gefrierdosen füllen und für maximal 2 Monate einfrieren.
Zum Auftauen 12 Stunden zuvor in den Kühlschrank stellen. Dann flach auf einen Teller oder eine runde Platte geben. Mit **2–4 EL Wasser** befeuchten, zudecken und im Mikrowellengerät erhitzen.

## Zwiebelstrudel

**300 g TK-Blätterteig** auftauen lassen. Die aufeinanderliegenden Scheiben zwischen Backpapier zu einem 35x30 cm großen Rechteck ausrollen.
**100 g kleingewürfelten geräucherten durchwachsenen Speck** in **2 EL Öl** ausbraten. **500 g in Ringe geschnittene Zwiebeln** und **1 TL Kümmel** dazugeben und weich dünsten. Abkühlen lassen. Mit **2 Eigelb, 200 ml Crème fraîche, 100 g geriebenem Emmentaler, Salz** und **Pfeffer** vermengen.
Die Blätterteigplatte zunächst mit **2 EL Paniermehl** bestreuen. Die Masse daraufgeben. Den Teig an der Längsseite aufrollen, die Enden zudrücken. Mit der Nahtstelle nach unten auf ein mit Backpapier belegtes Blech legen. Mit **2 EL Sahne** bepinseln.
20–25 Minuten bei 200° C backen. Noch warm in Stücke schneiden, die Portionen in extra-starke Alufolie einpacken und gefrieren.
Vor dem Verzehr kurz im Backofen erhitzen.

## Kartoffelauflauf

**800 g gleichmäßig große, leicht mehlige Kartoffeln** schälen. In 3 mm dicke Scheiben schneiden. In einer Mischung aus **125 ml Milch, 100 ml Sahne, ½ TL Salz** und **weißem Pfeffer** wenden, bis alle Kartoffelscheiben mit der Flüssigkeit benetzt sind.
Eine flache Form mit ½ **Knoblauchzehe** ausreiben, mit **Butter** einfetten. Die Kartoffelscheiben ziegelartig, aber nicht höher als 3 cm hineinschichten. Mit der restlichen Flüssigkeit übergießen und mit **20 g Butterflöckchen** und **2 EL Parmesan** belegen. 45–50 Minuten auf dem mittleren Rost bei 180° C backen. Dann **100–150 ml Sahne** darübergeben. Weitere 15–20 Minuten backen. Zum Gefrieren sogleich in kleineren, familiengerechten Formen zubereiten. In extra-starke Alufolie verpacken und in das Gefriergerät geben.
Kartoffelgratin können Sie im Mikrowellengerät oder Backofen auftauen. Anschließend noch kurz übergrillen.

## Nudelauflauf

**300 g Spaghetti** in reichlich kochendem **Wasser** mit **1 EL Öl** und etwas **Salz** sehr knapp garen. Die Nudeln dürfen auf keinen Fall weich gekocht werden. Auf einem Sieb abtropfen lassen.
**150 g gewürfelten Schinken** *oder* **mageren Schinkenspeck, 100 g grobzerpflückten Edelpilzkäse, 250 g geputzte frische** *oder* **konservierte kleine Pfifferlinge** *oder* **Champignons** mit den Nudeln vermischen. In eine gefettete Auflaufform geben. Die Oberfläche flachdrücken. **200 ml Sahne** mit **3 Eiern, Salz** und **weißem Pfeffer** verschlagen. Diese Masse über die Nudeln gießen und mit Klarsichtfolie abdecken. Dann die Form in extra-starke Alufolie verpacken. Für maximal 2 Monate einfrieren. Über Nacht im Kühlschrank auftauen lassen. 40 Minuten bei 200° C backen. Vor dem Servieren einige **gewürzte frische Tomatenscheiben** und etwas **Petersilie** daraufgeben.

## Kartoffel-Möhreneintopf

**30 g Margarine** im dickwandigen Topf erhitzen. **400 g, in 3 cm große Würfel geschnittenes Kalbfleisch** darin bräunen.
**2 geschälte, grobgeschnittene, große Zwiebeln** zufügen und andünsten. **Je 500 g Möhren** und **Kartoffeln** schälen und in Scheiben oder Würfel schneiden. Möhren und Kartoffeln mit **Salz, Pfeffer, 1 TL Kurkuma (Gelbwurz)** und **ca. 375 ml Gemüsebrühe (Würfel)** in den Topf geben. Den Deckel auflegen. In 20–25 Minuten knapp garen.
Abgekühlt in familiengerechten Portionen in Gefrierdosen oder Gefrier-Kochbeutel geben und einfrieren.
Vor dem Aufwärmen fast völlig auftauen lassen. Zum Schluß mit **gehackter Petersilie** *oder* **Kerbelblättchen** bestreuen.

## Leichte Zitronencreme

**4 Blatt Gelatine** in reichlich kaltem **Wasser** 15 Minuten einweichen. **3 Eigelb** mit **100 g Puderzucker** im Wasserbad mit dem Elektroquirl schaumig schlagen, bis die Masse etwas dick wird. Herausnehmen. Mit **250 g Sahnequark, Saft von 3 Zitronen, etwas feingeriebener unbehandelter Zitronenschale** und **1 Beutel Vanillinzucker** vermischen. Die Gelatine abtropfen lassen. Mit **6 EL Weißwein** auf dem Herd oder 45 Sekunden im Mikrowellenherd auflösen. Unter Schlagen an die Masse geben. Die Creme kühl stellen. Wenn sie beginnt fest zu werden, **200 ml steife Schlagsahne** und **3 zu Schnee geschlagene Eiweiß** rasch darunterheben. Sogleich in verschließbare Portionsschälchen füllen.
Zum Gefrieren zusätzlich in extra-starke Alufolie verpacken und einfrieren. Nach dem Auftauen mit **Streifen unbehandelter Zitronenschale** garnieren und wegen Salmonellengefahr gleich essen.

## Errötende Jungfrau

**4 Blatt weiße** und **2 Blatt rote Gelatine** in reichlich kaltem **Wasser** 15 Minuten quellen lassen. **500 ml Buttermilch** mit **3 EL Zucker, Saft von 2 Zitronen** und **etwas feingeriebener unbehandelter Zitronenschale** verschlagen. Die Gelatine abtropfen lassen. Mit **6 EL Weißwein** in einem kleinen Topf bei milder Hitze auf dem Herd oder 45 Sekunden im Mikrowellengerät in einem feuerfesten Glasbehälter schmelzen lassen. Unter Schlagen der Buttermilchmischung zufügen. Zugedeckt in den Kühlschrank stellen. Wenn die Masse gerade etwas steif wird, **2 zu Schnee geschlagene Eiweiß** und **200 ml steifgeschlagene Sahne** rasch unterheben. In eine Form füllen, in extra-starke Alufolie einpacken und einfrieren. Über Nacht im Kühlschrank auftauen. Vor dem Stürzen die Form kurz unten in warmes Wasser halten. Mit **100 ml geschlagener, leicht gesüßter Sahne** und **gehackten Pistazien** garnieren.

## Vanille-Quarkcreme

**4 Blatt weiße Gelatine** in reichlich kaltem **Wasser** 15 Minuten quellen lassen.
**250 g Sahnequark** mit **125 g Milch, 3 EL Zucker,** dem **ausgekratztem Mark von ½ Vanilleschote** gut verschlagen.
Die Gelatine abtropfen lassen.
Mit **6 EL Milch** in einem kleinen Topf bei milder Hitze auf dem Herd oder im Mikrowellengerät in einem feuerfesten Glasbehälter in 45 Sekunden schmelzen lassen. Unter Schlagen der Quarkmischung zufügen. Zugedeckt in den Kühlschrank stellen, bis die Masse gerade fest wird. **2 zu Schnee geschlagene Eiweiß** und **200 ml geschlagene Sahne** schnell unterheben. Die Creme abschmecken. In eine mit kaltem Wasser ausgespülte Form füllen.
In extra-starke Alufolie eingepackt einfrieren.
Über Nacht im Kühlschrank auftauen. Vor dem Stürzen die Form kurz unten in warmes Wasser halten. Mit **Himbeersoße** und **Schlagsahne** garnieren.

## Erdbeer-Eisbombe

**400 g geputzte Erdbeeren** mit **250 g Puderzucker** und **1 Stamperl Grand Manier** (**Orangenlikör**) mit dem Pürierstab des Elektroquirls gut zerkleinern.
**500 ml steif geschlagene Sahne** daruntermischen. Die Masse in eine Eisbombenform oder eine Schüssel mit gewölbtem Boden füllen. Zunächst eine Klarsichtfolie darauflegen, dann die Form in extra-starke Alufolie gut einpakken. In das Gefriergerät stellen. Wenn Sie eine Eismaschine haben, können Sie die Masse im Gerät unter Rühren im Gefrierfach langsam fest werden lassen. Das Eis wird dann cremiger.
Vor dem Stürzen 15 Minuten bei Küchentemperatur stehen lassen. Mit **Schlagsahne** und **frischen Beeren** hübsch garnieren.
Diese Menge reicht für 6–8 Personen. Sie können sie auch in Einzelportionen einfrieren.

## Himbeerauflauf

**500 g Magerquark** mit der **feingeriebenen Schale** von ½ **unbehandelten Zitrone, 125 ml Milch, 5 EL Zucker, 1 Msp. Zimt, 1 Beutel Vanillepuddingpulver** und **3 Eigelb** gut verschlagen.
**250 g verlesene, möglichst ungewaschene Himbeeren** und **3 zu steifem Schnee geschlagene Eiweiß** unterheben. Die Masse in eine gebutterte und mit **Paniermehl** ausgestreute Form geben. Mit **2 EL Paniermehl** bestreuen, **20 g Butter in Flöckchen** aufsetzen. Im vorgeheizten Backofen bei 200° C in 45 Minuten backen. Bei Portionsförmchen reichen 30 Minuten Backzeit.
Nach dem Abkühlen in extrastarke Alufolie gut verpacken und gefrieren.
Nach dem Auftauen kurz im Backofen oder Mikrowellengerät heiß werden lassen. Der Himbeerauflauf schmeckt auch kalt und kann auch aus TK-Himbeeren für den sofortigen Verzehr bereitet werden.

## Apfelauflauf

Aus **200 g Weizenmehl Type 405, 100 g Butter** *oder* **Margarine, 80 g Zucker, 1 Ei, 1 Beutel Vanillinzucker, ½ TL Backpulver** mit kühlen Händen rasch einen glatten Mürbeteig kneten und kühlstellen. Eine flache Auflaufform mit **Butter** einfetten. **800 g mürbe säuerliche Äpfel (Boskop)** schälen, vierteln und entkernen. In schmale Schnitze schneiden. **2 EL Zucker** mit **2 EL grob gehackten Mandeln** und **1 Msp. Zimt** darunter mischen, in die Form füllen. Den Teig zwischen zwei Lagen Backpapier in passender Größe ausrollen. Eine der Form entsprechend große Teigdecke ausrädeln. Auf die Äpfel legen. Einige Löcher ausstechen. Aus den Teigresten hübsche Muster ausschneiden und auflegen. Die Oberfläche mit **2 EL Sahne** bepinseln. Bei 200° C in 40 Minuten backen.
Nach dem Abkühlen einfrieren. Der Apfelauflauf wird nach dem Auftauen im Mikrowellengerät oder Backofen aufgewärmt. Dazu **flüssige Sahne** reichen.

## Kleine Möhrenkuchen

**4 Eier** mit **3 EL Honig** und **100 ml Sonnenblumenöl** mit den Schneebesen des Elektroquirls schaumig schlagen. **300 g Möhren** schälen, fein reiben und zufügen. **125 g Weizenmehl Type 550** mit **125 g Weizenvollkornmehl Type 1700, 2 TL Backpulver, 1 TL Kardamon** *oder* **Zimt, 1 Pr. Salz** und dem **Saft** und **der feingeriebenen Schale von 1 unbehandelten Orange** dazugeben.
Den Teig eßlöffelweise in kleine Papierförmchen geben. Auf einem Blech oder in der Spezialform in 25–30 Minuten bei 180° C nicht zu dunkel backen.
Nach dem Auskühlen in Gefrierbeutel verpacken. Mit Gefrierclips verschließen und einfrieren.
Kleine Möhrenkuchen können Sie auf Küchenkrepp in 30 Sekunden im Mikrowellengerät oder wie gewohnt im Toaster oder Backofen auftauen.

## Napfkuchen

**1 Würfel Hefe** (**42 g**) mit **125 ml Milch** und **100 g Zucker** gut verschlagen. **5 Eier, 120 g weiches Butterschmalz, 125 ml Sahne, 80 g Sultaninen, 3 EL Rum, 500 g Weizenmehl Type 405** und **1 Pr. Salz** zufügen. Mit dem Knethaken des Elektroquirls den Teig kräftig durchkneten. Mit einem Tuch abgedeckt an warmer Stelle 30 Minuten aufgehen lassen.
Inzwischen eine Napfkuchenform großzügig mit **Butterschmalz** bepinseln. In jede Vertiefung **2–3 ganze Mandeln** legen. Den Teig nochmals durchschlagen und einfüllen. Wiederum etwa 60 Minuten gehen lassen, dann bei 180° C in 60–70 Minuten braun backen.
Heiß aus der Form stürzen.
Erkaltet in Stücke schneiden.
Diese erst auf dem LIEBHERR-Gefriertablett einfrieren. Dann endgültig verpacken.
Die Stücke später einzeln im Toaster oder schneller im Mikrowellengerät auftauen.

## Apfeltorte mit Mandeln

Aus **125 g Butter** oder **Margarine, 100 g Zucker, 1 Ei, 1 Beutel Vanillinzucker, 1 Pr. Salz, 250 g Weizenmehl Type 405** sowie **2 TL Backpulver** schnell einen Mürbeteig zusammenkneten und kühlen.
Zwischen zwei Lagen Backpapier 4 mm dick ausrollen. Den Boden und Rand einer Obsttortenbodenform von 26 cm Durchmesser damit auskleiden. Den Teig mehrmals mit der Gabel einstechen.
**800 g kleine mürbe Äpfel (Boskop)** schälen, halbieren oder vierteln, entkernen. Einige Male auf dem Rücken einkerben. Auf den mit **4 EL Johannisbeergelee** bestrichenen Tortenboden legen.
**100 g Marzipanrohmasse** mit **4 EL Zucker, 2 Eiern, 4 EL weißem Rum** *oder* **Kirschwasser** und **1 Msp. Zimt** *oder* **1 Beutel Vanillinzucker** gut verschlagen, über die Äpfel gießen.
40 Minuten bei 180° C backen.
Heiß mit **Johannisbeergelee** bepinseln.
In Stücke geschnitten einfrieren.
In der Küche auftauen.

## Eddas Blitzbrot

**500 ml Wasser** mit **1 TL Zucker** und **1 Würfel Hefe** gut verschlagen. **300 g Weizenvollkornmehl Type 1700** mit **375 g Weizenmehl Type 405, 1 TL Brotgewürz (Anis, Fenchel, Kardamon, Koriander und Kümmel)** und **2 TL Salz** sowie **2 EL Öl** vermischen. Alle Zutaten genau 1 Minute kräftig verrühren. In eine **gefettete** Kastenform von 28 cm Länge geben. Mit **Sesamsaat, Sonnenblumenkernen** *oder* **Mohn** bestreuen.
Auf dem mittleren Rost zunächst 15 Minuten bei 50° C, dann 15 Minuten bei 220° C, anschließend 30 Minuten bei 180° C backen. Heiß aus der Form stürzen. Zum Einfrieren lauwarm in familiengerechte Portionen teilen. In gut verschlossenen Gefrierbeuteln für maximal 12 Monate einfrieren. Im Toaster, Backofen (200° C) oder auf Küchenkrepp im Mikrowellengerät auftauen.

## Buttermilch-Vollkornbrot

**200 g Weizenmehl Type 405** mit **150 g Weizenvollkornmehl Type 1700, 3 EL Weizenkleie, 2 EL Sonnenblumenkernen, 1 TL Salz** gut vermischen.
**1 Becher Buttermilch (250 ml)** mit **3 EL Sonnenblumenöl, ½ TL Zucker** und **¾ Würfel Hefe (30 g)** gut verschlagen und an den Teig geben. Alle Zutaten zum Teigkloß verkneten. Zugedeckt 30 Minuten gehen lassen. Nochmals durchkneten.
Dann ein längliches Brot formen. Den Teig in eine gefettete Kastenform geben. In 60 Minuten auf das Doppelte aufgehen lassen. Mit **Wasser** bepinseln und mit **Sonnenblumenkernen** bestreuen.
*Oder* Teigkugeln von je 40 g abwiegen und zu Brötchen formen und auf ein Backblech legen. Erst 10 Minuten bei 220° C, dann 30 Minuten bei 180° C backen. Unmittelbar nach dem Auskühlen portionieren, verpacken und einfrieren. Wie Blitzbrot auftauen.

## Gefüllte Teigtaschen

Aus **250 g Weizenmehl Type 550, 5 EL Olivenöl, 125 ml Sahne-Dickmilch, 1 Ei** und **½ TL Salz** einen Teig kneten und kühlen. Zwischen zwei Lagen Backpapier ausrollen, 8 cm große kreisrunde Scheibe ausrädeln.
Für die *erste Quarkfüllung* **150 g Magerquark** mit **1 Ei, 2 EL Sahne-Dickmilch** und **Salz** vermischen.
Für die *zweite Füllung* **1 kleingehackte mittelgroße Zwiebel** in **1 EL Öl** dünsten, mit **2 EL Sahne-Dickmilch** und **1 EL Speisestärke, Salz** und **Paprika** vermengen.
Die Füllungen auf die Teigscheiben geben. Diese zu Halbmonden zusammenschlagen, die Kanten zudrücken. Mit **verschlagenem Ei** bepinseln. Auf einem Blech in 15–20 Minuten bei 200° C backen.
Lauwarm in Gefrierbeuteln einfrieren Im Backofen auftauen. Diese türkische Spezialität ist ideal für Parties, Picknicks und als Reiseproviant.

# Rezepte für Gerichte mit Gefrierkost

## Fischsalat mit Eiern

**1 Packung TK-Kabeljau-Filets (300 g)** nach Packungsanweisung *oder* im Mikrowellengerät bei 180 Watt 10 Minuten antauen.
Mit dem **Saft von 1 Zitrone** säuern, leicht **salzen** und mit **1 EL Öl** im geschlossenem Topf ca. 10 Minuten *oder* zugedeckt im Mikrowellengerät 4 Minuten dünsten. Erkalten lassen und in Stücke zerpflücken.
**2 EL leichte Mayonnaise** mit **2 EL saurer Sahne, 3 grobgehackten hartgekochten Eiern, 1 kleingewürfelter Gewürzgurke, 1 EL Kapern, Salz** und **weißem Pfeffer** verrühren.
Eine Glasschüssel mit **Salatblättern** auskleiden, die Fischstücke und **2 geachtelte hartgekochte Eier** daraufgeben. Mit der Soße übergießen. Mit **Rote-Bete-Streifen** garnieren.

## Erbsensalat mit Fisch

**1 Packung TK-Junge-Erbsen (300 g)** in einem zugedeckten Topf mit **125 ml Wasser** und **½ TL Salz** in 4 Minuten knapp garen. Abkühlen lassen. **1 Packung TK-Rotbarsch Filets (300 g)** 30 Minuten bei Küchentemperatur antauen lassen. Mit dem **Saft von 1 Zitrone** säuern, dann **salzen**. Im geschlossenen Topf bei milder Hitze mit **125 ml Weißwein** vorsichtig garen. Abkühlen lassen und grob zerpflücken.
**3–4 Stangen Staudensellerie** und **2 mittelgroße Gewürzgurken** in feine Stifte schneiden. Eine Platte mit **Salatblättern** auskleiden, Erbsen, Fischstücke, Staudensellerie- und Gurkenstifte darauf arrangieren.
Aus **2 EL leichter Mayonnaise, 2 EL Magerjoghurt, 4 EL saurer Sahne, Salz** und **Cayennepfeffer** *oder* **einigen Tropfen Tabasco** eine Soße rühren und über den Salat gießen. Mit Scheiben von **2 hartgekochten Eiern** garnieren und **1 EL TK-Petersilie** bestreuen.

## Krebsragout

**32 TK-Flußkrebse** auftauen und aus den Schalen lösen. Die Krebsschalen fein zerhacken. **4 feingehackte kleine Zwiebeln (Schalotten)** mit den gehackten Krebsschalen in **20 g Butter** kurz anbraten. Mit **1 Stamperl Pernod (Anislikör), 125 ml trockenem Weißwein** und **250 ml Wasser** aufgießen. Den Sud mit **Salz** und **3 zerdrückten weißen Pfefferkörnern** würzen. Zugedeckt 15 Minuten leise köcheln lassen. Dann den Fond durch ein feines Sieb gießen.
**12 kleine Karotten** und **12 grüne Spargelspitzen** waschen und putzen. Das Gemüse jeweils für sich getrennt 4 Minuten in Salzwasser knapp garen. Den Fond erhitzen, die Krebse und das Gemüse kurz darin heiß werden lassen, dann auf 4 Teller verteilen.
Mit zerzupftem **Kerbel** sogleich mit Baguette auftragen.

## Blätterteigpastetchen

**1 Packung TK-Blätterteig** (300 g) 20 Minuten in der Küche antauen. Zwei Teigplatten mit **Eigelb** bepinseln. Je eine weitere Teigplatte daraufkleben, dann halbieren. Mit einem 6 cm großen Ausstecher jeweils ein Loch ausstechen. Die fünfte Teigscheibe zu einem Quadrat von 16x16 cm ausrollen und vierteln. Die vier Ringe mit **zerschlagenem Eigelb** auf die Quadrate kleben. Die Pasteten mit Eigelb bestreichen, dabei die Ränder nicht verkleben. Auf ein mit Backpapier belegtes Blech setzen. 15 Minuten kühlen.
12–15 Minuten bei 230° C backen.
**125 ml Champignonflüssigkeit** mit **250 ml Sahne** und **2 EL Mehl** verschlagen und aufkochen. Mit **Salz, Zitronensaft, Worcestersoße** und **1 EL grünem Pfeffer** würzen. **100 g kleine Champignons (TK** *oder* **Konserve)** und **200 g gegarte, gepökelte Zunge** in Streifen geschnitten in der Soße erhitzen. **2 EL TK-Petersilie** darunterrühren. In die Pasteten geben und auftragen.

## Putensoufflé

**150 g TK-Putenbrust** antauen lassen. Mit **4 EL Weißwein** und **1 EL Zitronensaft** im zugedeckten Topf 5 Minuten garen. Abkühlen lassen und in knapp 1 cm große Würfel schneiden.
**25 g Butter** *oder* **Margarine** im Topf zergehen lassen.
**2 ½ EL Mehl** darüberstäuben, kurz anschwitzen. Die Putenbrühe mit **Sahne** auf 250 ml auffüllen. Die Schwitze damit ablöschen. **1 EL geriebenen Emmentaler, 1 EL TK-Petersilie** und das **Geflügelfleisch** unter die Soße rühren. Von der Kochstelle nehmen.
**2 Eigelb** unter die warme Masse geben. Mit **Salz** und **Pfeffer** abschmecken. **2 steifgeschlagene Eiweiß** unterheben. Die Soufflémasse in eine große *oder* mehrere kleine am Boden eingefettete Förmchen geben.
Je nach Größe der Formen im vorgeheizten Ofen (200° C) in 12–25 Minuten backen, dabei die Backofentür zwischendurch nicht öffnen. Sofort servieren, damit das Soufflé nicht zusammenfällt.

## Büsumer Erbsensuppe

**50 g feingewürfelter Speck** mit **1 kleingeschnittenen mittelgroßen Zwiebel** und **1 zerdrückten Knoblauchzehe** in **1 EL Öl** unter Rühren andünsten. **500 ml Rinderbrühe** (**TK** *oder* **Würfel**) und **1 Packung TK-Suppengrün (50 g)** zufügen, 30 Minuten leise sieden lassen.
Die Brühe durch ein Sieb geben.
**1 Packung TK-Junge-Erbsen (450 g)** zufügen, 5 Minuten kochen. Dann mit dem Pürierstab des Elektroquirls zerkleinern.
**150 g Crème fraîche** dazugeben.
**1 Päckchen TK-Kräutermischung (25 g), 1 EL TK-Schnittlauch** und **75 g aufgetaute TK-Krabben** zufügen. Die Suppe nochmals aufkochen. Mit **Salz, Pfeffer** und **Zitronensaft** abschmecken.
Auf 4 Teller verteilen und mit **4 TL Crème fraîche** sowie **75 g TK-Krabben** garnieren.
Die TK-Krabben können Sie durch Streifen von **TK-Lachs** *oder* durch **Würfel von Lachsschinken** austauschen.

## Spinatsuppe mit Kerbel

**250 ml Rinderbrühe** (**TK** *oder* **Würfel**) mit **250 ml Milch** und **1 Packung TK-Junger-Spinat (450 g)** bei milder Hitze zum Kochen bringen und einmal aufkochen.
**200 g Schmelz-** *oder* **Frischkäse** mit **Salz, weißem Pfeffer** und **Muskat** unter die Suppe schlagen, 50 g feingehackten Kerbel zufügen. Für die *Brotbröckchen* **4 Scheiben Weißbrot** würfeln, in **2 EL Öl** *oder* **Butter** unter Rühren in der Pfanne goldbraun rösten. *Oder* geben Sie die Brotwürfel mit Öl beträufelt für 2mal 2 Minuten in das Mikrowellengerät. Zwischendurch einmal umrühren. Die Suppe auf Teller verteilen.
Die Brotbröckchen extra dazu reichen.

## Frühlingssuppe

**400 ml Rinderbrühe** (**TK** *oder* **Würfel**) aufkochen. **2 EL Speisestärke** mit **200 ml Sahne** verrühren, die Brühe damit binden.
**150 g mageres Rinderhackfleisch** mit **1 Ei, Salz, Pfeffer** und mit **Paprika** vermengen. Zu kleinen Klößchen formen. Mit **1 Packung TK-Farmers Gemüse (Blumenkohl, Brokkoli, Karotten und Maiskörner) (300 g)** in die Brühe geben. Leise siedend 8 Minuten garen.
In der Zwischenzeit **80 g Spätzle** in **1 l Salzwasser** garen, auf einem Sieb abtropfen lassen. Die Spätzle mit **100 ml trockenem Weißwein** und **frischgemahlenem weißen Pfeffer** an die Suppe geben und mit **2 EL TK-Schnittlauch** bestreut als Vorsuppe auftragen.
Für 2 Personen reicht diese Suppenmenge als Hauptgericht.

## Bohneneintopf

**2 Packungen TK-Junge-Brechbohnen (je 300 g)** mit **½ TL getrocknetem** *oder* **1 TL frischem Bohnenkraut, ½ TL Salz** und **200 ml Wasser** 5 Minuten garen. **4 kleine Tomaten** überbrühen *oder* 1 Minute im Mikrowellengerät zugedeckt erhitzen, schälen und kleinschneiden.
Mit **250 g kleinen Champignons** (Konserve) zu den Bohnen geben. Kurz erhitzen. Das Gemüsewasser abgießen und für Suppe verwerten. **20 g Butter** auf dem Gemüse schmelzen lassen.
Mit **2 EL TK-Petersilie** bestreut zu Tisch bringen.
Die Dosenchampignons können Sie durch die gleiche Menge TK-Champignons *oder* in Scheiben geschnittene und mit Zitronensaft benetzte frische Champignons ersetzen.

## Tomatensuppe mit Fisch

**1 l pürierte TK-Tomaten** mit **1 EL Olivenöl, 1 durchgepreßten Knoblauchzehe, Salz, Pfeffer, Oregano** und **Thymian** zum Kochen bringen. Die Suppe würzig abschmecken. **100 g TK-Erbsen** und **½ Packung angetaute, grobgewürfelte TK-Kabeljau-Filets (150 g)** für 3 Minuten in der Suppe erhitzen.
Mit **2 EL TK-Kräutermischung** bestreut in Tassen geben.
Statt der eingefrorenen pürierten Tomaten können Sie für diese Suppe auch pürierte Tomaten aus der Dose verwenden.

## Bohnensuppe

**1 l Rinderbrühe (TK** *oder* **Würfel)** in einem großen Topf zum Kochen bringen. **½ Packung TK-Blumenkohlröschen (150 g)** 3 Minuten darin garen.
In einem zweiten Topf in reichlich Wasser mit **1 TL Öl** und **Salz, 150 g Spätzle** in 8 Minuten garen. Auf einem Sieb abtropfen lassen. *Oder* TK-Spätzle verwenden. Die Spätzle mit **150 g aufgetauten TK-Kidneybohnen** (s. S. 44) zur Brühe geben. Mit **1 EL Speisestärke**, die mit **125 ml Sahne** angerührt wurde, leicht binden. Mit **Salz** und **Pfeffer** abschmekken. Kurz vor dem Servieren **½ Päckchen TK-Petersilie (12 g)** daruntergeben.

## Bratwurst

**4 TK-Bratwürste** in einer Schüssel über Nacht im Kühlschrank oder in einer Stunde mit kochendem **Wasser** bedeckt auftauen lassen. Die Haut der Würste einige Male einstechen, damit die Würste nicht platzen.
Die Bratwürste mit **2 EL Öl** und **100 ml Wasser** in einer beschichteten Pfanne mit dickem Boden langsam erwärmen. Dabei einen Deckel auflegen. Wenn nach 10 Minuten die Bratwürste auch innen ganz heiß sind, den Deckel abnehmen. Dann das Wasser verdampfen lassen. Die Würste bei mäßiger Hitzezufuhr langsam rundherum gut braun braten.
Das Sauerkraut mit geriebenen Äpfeln, kleingehackten Zwiebeln und Wacholderbeeren pikant abschmecken und mit Senf dazureichen.

## Spieße mit Knoblauchsoße

**500 g Rindfleisch (Lende, Filet)** 20 Minuten in das Gefriergerät legen und in 3 cm große Würfel schneiden. Mit einer Mischung aus **2 EL Öl, 1 TL Provencekräutern** und **½ TL Paprika** bepinseln, 10 Minuten beizen. **Je 1 rote und gelbe Paprika** putzen, in Stücke schneiden. **1 Zucchine** in kleinfingerdicke Scheiben schneiden. Das Gemüse ½-1 Minute blanchieren. Fleisch und Gemüse abwechselnd mit **75 g in Stücke geschnittenem Räucherspeck** locker auf flache Metallspieße stecken. Etwa 15 Minuten grillen, dann mit **Salz** und **Pfeffer** pikant würzen.
Für die pikante *Knoblauchsoße* **250 ml Sahne-Dickmilch** mit **1 kleingehackten Zwiebel** und **2–3 Knoblauchzehen, Salz** und **weißem Pfeffer** verschlagen. Zu den würzigen Fleischspießchen servieren. Dazu paßt Reis.

## Rindfleischragout

**400 g gekochtes TK- Rindfleisch** (S. 99) antauen lassen, von Fett befreien und noch leicht gefroren in schmale Stifte schneiden.
Nun **1 kleingehackte Zwiebel** in **30 g Butter** *oder* **Margarine** hell dünsten, dann **3 EL Mehl** darin anschwitzen. Mit **350 ml Brühe (TK** *oder* **Würfel)** ablöschen. Unter Rühren aufkochen.
**300 g TK-Mischgemüse (Gurke, Lauch, Paprika, Staudensellerie)** und das Fleisch beifügen.
Das Gericht würzig mit **1 EL Balsamicoessig, 3 EL trockenem Weißwein, Salz, Pfeffer** und **1 Lorbeerblatt** abschmecken.
Zu gekochten Kartoffelknödeln reichen.

## Lammgeschnetzeltes

**600 g TK-Lammfleisch** im Kühlschrank antauen lassen. Noch leicht gefroren in schmale Streifen schneiden. Nach und nach in 4 Portionen in **50 g Butterschmalz** anbraten. Auf einen Teller geben und warm halten. Im restlichen Bratfett zunächst **1 kleingeschnittene mittelgroße Zwiebel,** dann **1 kleingehackte Knoblauchzehe** hell dünsten.
**500 g kleine Zucchini** in kleinfingergroße Stifte schneiden und zufügen. Bei starker Hitze unter stetigem Wenden 2–3 Minuten bißfest braten. **200 ml Créme fraîche** mit **50 ml Rinderbrühe (TK** *oder* **Würfel), 2 EL Zitronensaft** und das vorbereitete Fleisch zufügen. Alles einmal aufkochen. Mit **Salz** und **schwarzem Pfeffer** abschmecken.
Zu Pellkartoffeln oder Spätzle auftragen.
Statt frischer Zucchini können Sie auch TK-Zucchini verwenden.

## Filetspitzen mit Brokkoli

**2 Packungen TK-Brokkoli (600 g)** mit **100 ml Wasser** und **Salz** 3 Minuten knapp garen. Warm stellen.
**400 g Rinderfilet** im Gefriergerät etwas gefrieren lassen, dann in dünne Scheibchen schneiden. In einer großen Pfanne in **2 EL heißem Öl** unter stetigem Rühren bei starker Hitze von allen Seiten etwa 3 Minuten anbraten. Das Fleisch an den Pfannenrand schieben. **1 kleingewürfelte große Zwiebel** im restlichen Bratfett bräunen. Dann **1 kleingehackte Knoblauchzehe** dazugeben.
**2 EL Crème fraîche, 2 EL trockener Sherry, 1 TL Worcestersoße, 1 TL zerdrückte grüne Pfefferkörner** und **Salz** zufügen. Das Fleisch mit der Soße vermengen und abschmecken. Wenn die Soße zu dick ist, verdünnen Sie sie mit etwas **Gemüsebrühe.** Brokkoli und Filetspitzen mit Nudeln und feingeriebenem Parmesan auftragen.
Die Filetspitzen lassen sich sehr gut im Wok zubereiten.

## Lammkeule mit Füllung

**1 kleine TK-Lammkeule (ca. 2,5 kg)** nach dem Auftauen auslösen. Von Fett und Sehnen befreien. Rundherum mit **Salz** und **Pfeffer** einreiben.
Für die *Füllung* **1 Packung TK-Blattspinat (450 g)** auftauen und abtropfen lassen.
Mit **6 EL Paniermehl, 2 durchgepressten Knoblauchzehen, 1 ½ Becher Frischkäse mit französischen Kräutern (225 g),** je **1 TL getrocknetem Thymian** und **Rosmarin** vermischen. Die Keule damit füllen und mit Küchengarn zunähen.
**3 EL Olivenöl** im Bräter erhitzen. Die Keule 20 Minuten auf dem Herd anbraten. Dann mit je **250 ml Rotwein** und **Rinderbrühe (TK** *oder* **Würfel)** nach und nach begießen. Im Ofen (225° C) 60–100 Minuten braten. 30 Minuten vor Ende die Keule mit **½ Becher Frischkäse (75 g)** bestreichen. Vor dem Aufschneiden 10 Minuten zugedeckt ruhen lassen. Die Menge reicht für 6–8 Personen.

## Hühnerbrustspieße

**800 g TK-Hühnerbrüstchen** antauen lassen und im leicht gefrorenen Zustand quer zur Faser in 2 cm breite Streifen schneiden. Mit **Salz** und **Pfeffer** würzen. Die eine Hälfte der Spießchen außerdem mit einer Mischung aus **Senf** und **feingeriebenem Ingwer** einreiben.
Die zweite Hälfte der Spießchen zusätzlich mit einer Mischung aus **Edelsüßpaprika** und **Muskat** kräftig würzen.
Jeweils 4 Filetstreifen auf Bambusspieße *oder* flachgehämmerte Metallspieße stecken.
In einer beschichteten Pfanne mit dickem Boden **50 g Butterschmalz** erhitzen. Die gewürzten Spieße in etwa 4 Minuten von beiden Seiten goldbraun braten. Herausnehmen, das Fett auf Küchenkrepp abtropfen lassen.
Die Spieße mit **Zitronensaft** beträufeln.
Zur Salatplatte mit knusprigem Baguette auftragen.

## Putenbrust mit Sellerie

**800 g TK-Putenbrüstchen** antauen lassen. Im leicht gefrorenen Zustand zu Schnitzeln schneiden. Mit **Zitronensaft** beträufeln, mit **Salz** und **Pfeffer** würzen. In einer beschichteten Pfanne mit dickem Boden in **30 g Butterschmalz** in etwa 4 Minuten beidseitig goldbraun braten. Aus der Pfanne nehmen. Mit Alufolie abgedeckt warmstellen.
**50 g über Nacht eingeweichte, gründlich gespülte Morcheln** im restlichen Bratfett wenden. Mit **1 EL Mehl** überstäuben und mit **200 ml Sahne** ablöschen. Den Bratensaft loskochen. Die Soße mit **4 EL Sherry, 1 TL Senf, Salz** und **weißem Pfeffer** abschmekken.
**16 Stangen Staudensellerie** in 20 cm lange Stücke schneiden. In **Salzwasser** 15 Minuten garen. Abgetropft in **20 g Butter** wenden. Das Gemüse mit Reis zum Fleisch reichen.

## Hühnerfrikassee

**500 ml Hühnerbrühe (TK** *oder* **Würfel)** mit **2 EL trockenem Sherry** zum Kochen bringen.
**800 g TK-Hühnerbrüstchen** im leicht angetauten Zustand in 2 cm große Würfel schneiden. Das Geflügel 6–7 Minuten in der Brühe garen. Herausnehmen und mit Alufolie zugedeckt warmstellen.
In einem zweiten Topf **30 g Butter** *oder* **Margarine** schmelzen. **3 EL Mehl** unter Rühren darin anschwitzen. Mit der heißen Hühnerbrühe ablöschen. **250 g TK-Champignons** in der Soße 2 Minuten erhitzen. Mit **1 EL Zitronensaft, 1 Msp. Curry, Salz** und **weißem Pfeffer** abschmekken. Das Fleisch mit dem ausgetretenen Saft darunterheben.
Mit Reis und Kopfsalat ein sehr bekömmliches, immer beliebtes und leichtes Festessen.

## Hähnchenbrust mit Käse

**4 TK-Hähnchenbrüstchen (800 g)** im angetauten Zustand mit einem scharfen Messer taschenförmig einschneiden. Mit **Zitronensaft** beträufeln und mit **Salz** und **Pfeffer** würzen. **200 g Edelpilzkäse** mit **2 EL Zitronensaft** mit der Gabel vermischen, in die Taschen füllen und mit Küchengarn zunähen. Das Fleisch zunächst in **Mehl**, dann in **1 zerschlagenem Ei**, schließlich in reichlich **Paniermehl** wenden.
**8 EL Öl** in einer beschichteten Pfanne mit dickem Boden erhitzen. Die gefüllten Brüstchen bei nicht zu starker Hitze von allen Seiten knusprig braun braten. Das Fett auf Küchenkrepp abtropfen lassen.
Mit TK-Sommergemüse und Kräuterkartoffeln immer sehr beliebt.

## Poularde mit Füllung

**1 TK-Poularde (1,2 kg)** auftauen lassen, gründlich waschen und trocknen. Innen und außen mit **Zitronensaft, Salz** und **weißem Pfeffer** würzen.
Für die *Füllung* **1 kleingewürfelte mittelgroße Zwiebel** in **30 g Butterschmalz** goldbraun dünsten. Mit **125 g kleingehackten TK-Champignons, 250 g magerem gemischten Hackfleisch, 2 EL Paniermehl, 1 Ei, 1 Päckchen TK-Kräutermischung (25 g), 1 Stamperl Kognak, Salz** und **Pfeffer** vermischen. Die Füllung in die Poularde pressen. Mit Küchengarn zunähen. Die Poularde außen mit **30 g Butterschmalz** bepinseln. In einen Bräter geben. **200 ml Geflügelbrühe (TK** *oder* **Würfel)** dazugießen. Im Backofen bei 225° C 70–90 Minuten unter gelegentlichem Begießen braun braten.

## Fasan mit Ananaskraut

**1 TK-Fasan (800 g)** auftauen lassen, gründlich waschen und trocknen. Innen und außen mit **Zitronensaft, Salz** und **schwarzem Pfeffer** würzen. Mit **100 g dünngeschnittenen, fetten, ungesalzenen Speckscheiben** belegen und mit Küchengarn umwickeln. **40 g Butterschmalz** im kleinen Bräter erhitzen, den Fasan rundherum darin bräunen. **250 ml trockenen Weißwein** aufgießen. **1 TL Wacholderbeeren** und **1 Lorbeerblatt** zufügen. Zugedeckt je nach Alter des Fasans etwa 1–1½ Stunden schmoren. Die Speckscheiben entfernen und den Fasan vierteln. Die Soße mit **1 TL Instant-Soßenbinder** leicht binden.
Für das *Ananaskraut* **600 g TK-Sauerkraut** mit **150 ml trockenem Weißwein, 200 g Ananaswürfeln (TK** *oder* **Konserve)** und **1 TL zerdrückten Wacholderbeeren** in **20 g Margarine** *oder* **Schmalz** 20 Minuten zugedeckt dünsten.

## Geschnetzelte Entenbrust

**700 g TK-Entenbrust** antauen lassen. Das Fett abschneiden und in kleine Würfel schneiden. Das Entenfleisch quer zur Faser in dünne Scheiben schneiden. Mit **1 EL Zitronensaft** beträufeln.
Die Fettwürfel in einer Pfanne oder dem Wok zerlassen, die Grieben und ein Teil des Fettes herausnehmen. Zunächst im restlichen Fett unter Rühren **1 TL kleingehackten Ingwer**
30 Sekunden braten, dann das Fleisch zugeben. Sowie die Oberfläche weißgrau aussieht, alles an die Seite schieben.
**250 g geputzte Pilze nach Wahl (Austernpilze, Champignons, Egerlinge** *oder* **Pfifferlinge)** *oder* **Mungokeime (frisch** *oder* **Konserve)** im restlichen Fett wenden und erhitzen. Nach 3 Minuten **3 EL trockenen Sherry, 125 ml Brühe (TK** *oder* **Würfel)** und **1 TL Instant-Soßenbinder** zugeben. Mit **Salz** und **schwarzem Pfeffer** abschmecken und mit **6 EL Mandarin-Orangen (Konserve)** garniert auftragen.

## Wildente mit Semmelknödeln

**1 TK-Ente (1,6 kg)** auftauen lassen, gut waschen. Sorgfältig trocknen. Innen und außen mit **Salz** und **Pfeffer** einreiben. Mit einer Mischung aus **4 kleinen, geviertelten Äpfeln** und **8 eingeweichten Backpflaumen** füllen und mit Küchengarn zunähen. Zusammen mit **250 ml Geflügelbrühe (TK** *oder* **Würfel)** in einen Bräter geben. Unter gelegentlichem Wenden und Bepinseln mit dem ausgetretenen Fett 60–100 Minuten braten. Dabei die Haut einstechen, damit das Fett heraustropft. Die Soße entfetten, würzen. Leicht mit **1 EL dunklem Instant-Soßenbinder** andicken.
Für die *Knödel* **6 alte Brötchen** in Scheiben schneiden. Mit **250 ml warmer Milch, 1 kleingehackten Zwiebel, 3 Eiern, Salz** und **Pfeffer** vermischen. Kleine Knödel formen, im köchelnden Salzwasser in 20 Minuten gar ziehen lassen. Von Semmelknödeln können Sie eine große Portion zubereiten, sie sind sehr gefriergeeignet.
Dazu Brokkoligemüse reichen.

## Wildgulasch

**800 g** gut abgehangenes **TK-Wildfleisch (Hase, Reh** *oder* **junges Wildschwein)** antauen in 2–3 cm große Würfel schneiden.
Mit **1 in Ringe geschnittenen Zwiebel, 1 Lorbeerblatt, ½ TL getrocknetem Thymian, je 6 Pfefferkörnern** und **Wacholderbeeren** und **200 ml dunklem Rotwein** zugedeckt für 30 Minuten in der Küche antauen lassen.
**40 g kleingewürfelter magerer Speck** in **40 g Butterschmalz** im dickwandigen Schmortopf auslassen. Die abgetropften Fleischwürfel unter stetigem Wenden darin braun anbraten. Mit **200 ml Rinder-** *oder* **Wildfond (TK** *oder* **Konserve)** und der Beize ablöschen. Zugedeckt das Fleisch in 60–90 Minuten fast weich schmoren.
**200 g geputzte halbierte Pfifferlinge** noch 10 Minuten mitgaren. Die Soße mit **1 EL Johannisbeergelee** abschmecken.
Kurz vor dem Servieren **100 ml Sahne** unterrühren.

## Hase in Wacholderrahm

**2 TK-Hasenrückenfilets** (je **300 g**) im Kühlschrank auftauen lassen. Waschen und trockentupfen. Mit **Salz, schwarzem Pfeffer** und **1 EL Wacholderbeeren** einreiben.
**40 g Butterschmalz** im dickwandigen Schmortopf mit Metallgriffen erhitzen. Das Wild von allen Seiten gut braun darin braten.
**250 g grob zerschnittene Zwiebeln, 2 geschälte, gewürfelte Möhren** und **1 gereinigte, grob geraffelte Petersilienwurzel** dazugeben. Kurz mitbraten. **Mit 250 ml Wildfond (TK** *oder* **Konserve)** aufgießen. **60 g Frühstücksspeck** in dünnen Scheiben auf das Fleisch legen. Den Topf ohne Deckel in den Backofen stellen.
20–25 Minuten bei 200° C garen. Das Fleisch vor dem Aufschneiden 5 Minuten mit Alufolie bedeckt ruhen lassen. Die Soße durchsieben. Mit **200 ml Sahne** binden, abschmecken.
Zu TK-Spätzle und TK-Rosenkohl reichen.

## Hirschrücken mit Walnußkruste

**800 g TK-Hirschrückenfilet** auftauen und von Sehnen befreien. Die Sehnen mit Wildknochen und **1 Päckchen TK-Suppengrün** (**50 g**) in **30 g heißem Butterschmalz** im dickwandigen Schmortopf anbraten. **10 Wacholderbeeren, 100 ml dunklen Rotwein** und **50 ml Rotweinessig** zufügen. Nun zugedeckt etwa 60 Minuten leise schmoren lassen.
**1 Stamperl Kognak** und **2 EL Portwein** an die Soße geben, einkochen lassen. Durchsieben.
Das Hirschfilet mit **Salz** und **Pfeffer würzen.** In einer Pfanne in **30 g heißem Butterschmalz** zunächst bei starker Hitze anbräunen und 12 Minuten braten. Für die Kruste **60 g schaumige Butter** mit **100 g gemahlenen Walnüssen, 6 EL Paniermehl** und **1 Eigelb** gut vermengen. Auf das Fleisch streichen. 10–12 Minuten im Backofen (225° C) überbacken. Das Fleisch vor dem Aufschneiden mit Alufolie zugedeckt 10 Minuten ruhen lassen. Die Soße extra reichen.

## Rehfilet mit Maronenpüree

**600 g ausgelöster TK-Rehrücken** auspacken und im Kühlschrank zugedeckt auftauen lassen. Von Haut und Sehnen befreien. Mit zerdrückten **Wacholderbeeren, Salz** und **Pfeffer** einreiben. Die Oberfläche dünn mit **Öl** benetzen. Das Fleisch bei nicht zu starker Hitze in 8–10 Minuten in der Pfanne rosig braten. Mit Alufolie bedeckt 5 Minuten ruhen lassen. In kleinfingerdicke Scheiben schneiden. Auf eine vorgewärmte Platte legen.
Für das *Maronenpüree* **300 g Maronen** einkerben, mit **Wasser** bedeckt 10 Minuten kochen. Abschrecken und schälen.
**20 g Zucker** in **20 g Butter** im Topf karamelisieren, dann mit **50 ml Wildbrühe (TK** *oder* **Konserve)** und **100 ml Sahne** ablöschen. **2 EL Sherry** und die **Maronen** zufügen. Mit dem Pürierstab des Elektroquirls zerkleinern und mit **Salz** und **Pfeffer** abschmekken. Aus dem Pürre mit dem Spritzbeutel Maronenrosetten neben den Braten setzen.

## Forelle blau in Folie

**4 TK-Forellen** (800 g) 1 Stunde bei Küchentemperatur antauen lassen. Unter fließendem Wasser abspülen. Mit **Weißweinessig** begießen. Nach 10 Minuten innen und außen **salzen**. Jeweils einige **Kräuterzweiglein (Dill, Estragon und Petersilie)** und **10 g Butter** in die Bauchhöhlen stecken. Auf die glänzenden Seiten von **4 Stücken geölter Alufolie** legen. Je **4 EL Weißwein** darüberträufeln. Die Folie zu Päckchen verschließen. Dabei fest zusammenkniffen, damit die Feuchtigkeit nicht entweicht. Auf dem Rost im Backofen bei 200 °C in 15 Minuten garen. Die Fettpfanne zur Aufnahme herabtropfenden Fischwassers darunterschieben. In der Folie mit TK-Meerrettichsahne (s. S. 75) zu Dillkartoffeln und Salat oder TK-Erbsen gleich auftragen.

## Gedünsteter Schellfisch

**1 TK-Schellfisch-Schwanzstück** (800 g) über Nacht im Kühlschrank auftauen lassen. Den Fisch unter Wasser schuppen, waschen, **säuern** und **salzen**.
Für den *Sud* **1,5 l Wasser** in einem flachen Topf mit **100 ml trockenem Weißwein, je 1 TL Pfefferkörnern, Senfkörnern, Wacholderbeeren, 1 Lorbeerblatt sowie 1 Päckchen TK-Suppengrün** (50 g) und **1 in Ringe geschnittenen Zwiebel** 30 Minuten ziehen lassen.
Den Schellfisch auf dem Fischrost in den Topf heben. Bei 90° C leise siedend in 20 Minuten garen. Der Fisch ist gar, wenn sich das Fischfilet leicht von der Hauptgräte löst.
Mit **Zitronenachteln** garnieren.

## Kabeljau in Dillsoße

**4 Tranchen TK-Kabeljau** (800 g) unter fließendem Wasser waschen. Mit **Weißweinessig** beträufelt 30 Minuten säuern. Dann **salzen.** Die Fischtranchen entweder auf die soeben beschriebene Weise im Fischsud garen. *Oder* legen Sie die Scheiben flach nebeneinander auf eine feuerfeste Platte. Mit 4 EL Fischgewürzen bedecken. Mit **100 ml Weißwein** begießen. Die Mikro-Abdeckhaube daraufdecken. Im Mikrowellengerät bei 100 Prozent je nach Gerätetyp 8–14 Minuten garen. Zwischendurch eine Pause einlegen.
Für die *Dillsoße* **30 g Margarine** im Topf schmelzen. **3 EL Mehl** darin anschwitzen. Mit **250 ml Flüssigkeit (Fischsud, Weißwein und Milch)** ablöschen. Mit **Zitronensaft** und **Salz** abschmecken. Vor dem Essen **1 Päckchen feingehackten TK-Dill** (**25 g**) daruntergeben.

## Dorsch auf Farmers Gemüse

**2 Packungen TK-Dorsch-** *oder* **Kabeljau-Filets (600 g)** auspacken und auf einem Teller antauen lassen. Die Filets voneinander lösen und flach nebeneinander in die Mitte einer großen **gebutterten** flachen Auflaufform legen. Mit dem **Saft** von **1 Zitrone** beträufeln und **salzen. 2 Packungen TK-Farmers Gemüse (Blumenkohl, Brokkoli, Karotten** und **Maiskörner)** (600 g) neben den Fisch arrangieren. Leicht salzen.
**2 EL Mehl** mit **200 ml trockenem Weißwein, 200 ml Sahne** und **4 EL Crème fraîche** verschlagen. Gleichmäßig über die Fischfilets und das Gemüse gießen.
Die Form zugedeckt in das Mikrowellengerät stellen. Für 2mal 17 Minuten bei voller Leistung erhitzen. Anschließend 5 Minuten übergrillen.
Wenn Sie das Gericht für 2 Personen zubereiten, werden Zutatenmenge und Garzeit halbiert.

## Schollenfilet mit Spinat

**250 g gewürfelte Möhren** in **100 ml Salzwasser** garen und abtropfen lassen. Das Gemüse mit dem Pürierstab des Elektroquirls zerkleinern. Je **1 EL Tomatenmark, geriebener Parmesan** und **Créme fraîche** und **2 EL Zitronensaft,** etwas **Muskat, Salz,** und **Pfeffer** unterrühren.
**2 Packungen TK-Schollen-Filets (500 g)** unter fließendem Wasser auftauen. Mit **Weißweinessig** säuern, **salzen.** Die Füllung auf die Filets streichen. Aufrollen und mit Küchengarn befestigen. In einem dickwandigem Topf mit **20 g Butter** und **100 ml Weißwein** bei mäßiger Hitze in 12–15 Minuten garziehen lassen, dabei einmal vorsichtig wenden.
**1 Packung aufgetauten TK-Blattspinat (450 g)** mit **100 ml Sahne, Salz** und **Muskat** nach Anweisung garen.
Schollenröllchen mit Spinat, Salzkartoffeln und feiner Sauce Hollandaise anrichten und mit **gerösteten Mandelblättchen** und **feinen Möhrenstiften** bestreuen.

## Schollenröllchen mit Garnelen

**2 Packungen TK-Schollenfilets (500 g)** tauen.
Mit **Weißweinessig** säuern. Leicht **salzen.** Von **250 g TK-Garnelen** die 12 Schönsten beiseite tun. Die restlichen feinhakken. Auf die Schollenfilets verteilen. Die Fischfilets aufrollen und mit Hölzchen befestigen.
**100 ml Fischfond (TK** *oder* **Konserve)** mit **100 ml Weißwein** in einem Topf mit dickem Boden bis kurz vors Sieden bringen. Die Schollenröllchen hineinsetzen. Einen festschließenden Deckel auflegen und den Topfinhalt 7 Minuten knapp garen. Dann die übrigen Garnelen in den Topf geben. Alles noch 1 Minute zusammen garen.
Aus **250 ml Fischsud** mit **2 EL Sahne** und **½ Päckchen holländischer Soße** eine **feine Soße** bereiten. Mit **1 EL gehacktem TK-Dill** und **Zitronensaft** abschmecken. Die Fischröllchen mit **Dill** und **Garnelen** garniert auf einer Platte arrangieren.

## Mandelforellen

**4 TK-Forellen** (**800 g**) unter fließendem Wasser *oder* in der Küche auftauen. Mit Küchenkrepp trockentupfen. Mit **Weißweinessig** begießen. Nach 15 Minuten abermals trockentupfen und **salzen.** In **Mehl** wenden.
In einer großen Pfanne mit dikkem Boden **60 g Butterschmalz** erhitzen. Bei nicht zu starker Wärmezufuhr nun die Fische in 12–15 Minuten von beiden Seiten knusprig braun braten.
In einer zweiten kleinen Pfanne **8 EL Mandelblättchen** in etwa **20 g Butter** rösten. *Oder* geben Sie die Mandelblättchen ohne Butter für 2mal 2 Minuten in das Mikrowellengerät, dort werden sie sehr gleichmäßig goldbraun. Die Mandelblättchen unmittelbar vor dem Servieren über die Fische streuen.

## St. Petersfisch gefüllt

**2 TK-St. Petersfische** (**je 600 g**) ausgepackt über Nacht im Kühlschrank auftauen lassen. Waschen und mit **Weißweinessig** beträufelt 15 Minuten säuern. Mit Küchenkrepp trocknen, **salzen** und **pfeffern.**
**75 g kleingewürfelter magerer Räucherspeck** in der Pfanne auslassen. **1 kleingewürfelte Zwiebel** darin glasig braten. Die Masse mit **1 in dünne Scheibchen geschnittenem Brötchen, 1 Ei, 2 EL TK-Petersilie, je 1 EL TK-Dill** und **TK-Schnittlauch,** etwas **Salz** und **Pfeffer** vermischen. Die Füllung in die Bauchhöhlen der Fische pressen. Mit Küchengarn zunähen.
**40 g Butterschmalz** mit **150 ml trockenem Weißwein** und **125 ml Fischfond** (**TK** *oder* **Konserve**) in einem großen flachen Topf erhitzen. Die Fische hineinsetzen und zugedeckt in 25 Minuten bei mäßiger Wärmezufuhr garen.
Den Sud durchsieben, einkochen und mit **1 Päckchen TK-Kräutermischung** (**25 g**) verrührt als Soße reichen.

## Lachs mit Senfsoße

**4 TK-Lachstranchen** (**800 g**) im Kühlschrank *oder* unter fließendem Wasser antauen. Dann mit **4 EL Weißweinessig** beträufeln und 15 Minuten durchziehen lassen. Die Tranchen mit Küchenkrepp trockentupfen. Leicht **salzen** und rundherum mit **Öl** bepinseln.
Entweder in der Küche unter dem Grill auf einen heißen, geölten Rost legen *oder* ein Holzkohlenfeuer anzünden. Nach 20 Minuten den darüberliegenden – inzwischen heißen – Rost ebenfalls leicht mit **Öl bepinseln,** damit die Fische nicht daran festkleben.
Die geölten Lachstranchen auf jeder Seite 4–5 Minuten grillen.
**1 Zitrone** vierteln und dazulegen. Mit einer *Senfsoße* aus **6 EL leichter Mayonnaise, 3 EL Senf** und **1 TL Zucker** sowie **1 EL TK-Dill** zu Tisch bringen.

## Nudeleintopf mit Garnelen

**1 kleingewürfelte große Zwiebel** in einem großen Topf mit **4 EL Öl** hell andünsten.
**1 kleingehackte Knoblauchzehe** kurz im Öl wenden. **1 l Brühe (TK** *oder* **Würfel)** auffüllen.
**100 ml trockenen Weißwein** und **1 TL frischen** *oder* **½ TL getrockneten Thymian** zufügen. Die Brühe zum Kochen bringen.
**250 g Hörnchen-** *oder* **Hütchennudeln, 1 Packung TK-Sommer-** *oder* **Farmers Gemüse (300 g)** und **1 Packung aufgetaute, gewürfelte TK-Rotbarsch-Filets (300 g)** zufügen. Den Topfinhalt zugedeckt zum Kochen bringen. Dann die Wärmezufuhr reduzieren. Nach 10 Minuten **100 g aufgetaute TK-Garnelen** und **200 g gewaschene Kirschtomaten** auf den Eintopf geben. Bitte auf keinen Fall zwischendurch rühren. Nach weiteren 5 Minuten den Eintopf vorsichtig mischen und mit **2 EL Zitronensaft, Salz** und **weißem Pfeffer** abschmecken. Mit **2 EL TK-Kräutermischung** bestreuen.

## Griechischer Spinateintopf

**350 g TK-Lammfleisch** antauen lassen und im leicht gefrorenem Zustand in nur 1 cm große Würfel schneiden. Mit **Zitronensaft** beträufeln.
**2 EL Öl** im dickwandigen Topf mit Metallgriffen erhitzen. Zunächst das Fleisch und nach 3–4 Minuten **2 grobgeschnittene Zwiebeln** darin bräunen. **2 kleingehackte Knoblauchzehen** und **2 Tassen Langkornreis** darin wenden. Mit **4 Tassen Brühe (TK** *oder* **Würfel)** auffüllen. Zugedeckt zum Kochen bringen und 40 Minuten garen.
**1 Packung TK-Blattspinat (450 g)** rechtzeitig auftauen lassen. Auf den Reis geben. **2–3 Tomaten** überbrühen, schälen, vierteln und auf den Spinat setzen. Mit **Salz** und **Pfeffer** würzen. Den Topf ohne Deckel für 15 Minuten in den Backofen (220° C) schieben.
**1 Becher Sahnejoghurt (150 g)** mit **1 Eigelb, 2 EL Zitronensaft, ½ TL Zucker, Salz** und **weißem Pfeffer** verschlagen, vor dem Essen unter den Eintopf heben.

## Spaghetti mit Spinatpesto

**300 g Spaghetti** wie gewohnt in reichlich kochendem **Salzwasser** mit **1 EL Öl** »al dente« garen. Auf einem Sieb abtropfen lassen und im Topf zugedeckt warmhalten.
Für den *Spinatpesto* **1 Packung TK-Junger-Spinat (300 g)** mit **2 Packungen TK-Kräutermischung (je 25 g)** im zweiten Topf erwärmen. **4 EL feingehackte Pinienkerne** *oder* **Mandeln** im Mikrowellengerät 2mal 1 Minute oder in der Pfanne in **1 TL Olivenöl** rösten. Die Pinienkerne *oder* Mandeln feinhacken. Mit **4 EL Olivenöl, 80 g feingeriebenem Parmesan, 1 EL Zitronensaft, Salz** und **weißem Pfeffer** zum Spinat geben.
Die Soße kann auch kalt zubereitet werden. Sie schmeckt heiß, lauwarm *oder* kalt. Experten würzen diese für Genua typische Spezialität zusätzlich mit **4 durchgepreßten** *oder* **kleingehackten Knoblauchzehen.**

## Pfannenspaghetti mit Pute

**300 g Spaghetti** in **Salzwasser** mit **1 EL Öl** knapp garen und warmhalten. In einer sehr großen Pfanne *oder* einem Wok **4 EL Öl** erhitzen. **400 g angetaute TK-Putenbrust** in sehr schmale Streifen schneiden. Unter Rühren bei starker Hitze in etwa 2 Minuten braten, bis die Oberfläche weiß ist. Das Fleisch herausnehmen und warmhalten.
Im restlichen Öl **1 daumennagelgroßes Stück geschälten, kleingehackten Ingwer** 30 Sekunden braten. **1–2 zerkleinerte Knoblauchzehen** zugeben. Dann **2 Packungen TK-Pfannengemüse »Chinesische Art«** (600 g) in die Pfanne geben. In 6–8 Minuten das Gemüse bei starker Hitze braten, dabei fortwährend wenden. **125 ml Hühnerbrühe (TK** *oder* **Würfel)** mit **2–4 EL heller Sojasoße** und **1 EL Speisestärke** verrühren und an das Gemüse geben. Spaghetti und Fleisch mit der Gemüsemischung nochmals erhitzen, abschmecken und servieren.

## Pfannengemüse mit Roastbeef

**8 Scheiben Roastbeef** (400 g) in schmale Streifen schneiden. In einer *Beize* aus **6 EL dunkler Sojasoße, 2 EL Sherry, 1 EL Zucker, 1 durchgepreßten Knoblauchzehe** und **1 EL Speisestärke** 30 Minuten marinieren.
In einer sehr großen Pfanne *oder* in einem Wok **4 EL Öl** erhitzen.
**1 daumennagelgroßes Stück Ingwer** schälen, kleinhacken und darin wenden.
**2 Packungen TK- Pfannengemüse »Chinesische Art«** (600 g) bei sehr starker Hitze unter gelegentlichem Wenden in 6–8 Minuten »al dente« in der Pfanne oder dem Wock braten. Für die letzten 2 Minuten das marinierte Roastbeef dazugeben.
Das aparte Gericht mit **2 EL trockenem Sherry, Salz, Pfeffer, Zitronensaft** und **Sambel Oelek** würzig abschmecken.
Zu körnigem Kräuterreis gleich auftragen.

## Pfannengemüse mit Fisch

**10 g getrocknete Mu-Err-Pilze (Wolkenohren)** in reichlich **Wasser** quellen lassen. **50 ml Ananassaft** (Konserve) im Topf heiß werden lassen. **2 Packungen TK-Kabeljau Filets** (600 g) antauen lassen. In 3 cm große Würfel schneiden. Mit **3 EL Zitronensaft** beträufeln. Bei milder Hitze zugedeckt 8 Minuten im Ananassaft garen. Die Fischstücke aus dem Topf nehmen und warmhalten.
**Je 1 gelbe, grüne** und **rote Paprikaschote** – in schmale Streifen geschnitten – im Fischsud etwa 3 Minuten »al dente« garen.
**200 g Sojasprossen, 100 g feingehackte Ananaswürfel,** die abgespülten **Mu-Err-Pilze** und **4 EL Kokosmilch** zu dem Gemüse geben. 2 Minuten heftig kochen. Die Soße mit **2 EL hellem Instant-Soßenbinder** andicken. **200 ml Sahne** mit **1 EL Curry** verrühren. Mit dem Fisch vorsichtig unter die Mischung geben. Vor dem Servieren mit **Salz, Pfeffer, Zucker** und **Zitronensaft** abschmecken.

## Fenchelgemüse

**2 Packungen TK-Fenchel (600 g)** auspacken. Das Gemüse in Stücke auseinanderlösen und in der Küche 30 Minuten antauen lassen. **100 ml Hühnerbrühe (TK** *oder* **Würfel)** in einem dickwandigen Topf zum Kochen bringen. Den Fenchel darin 6 Minuten zugedeckt garen. Dabei zwischendurch einmal umrühren. Die Kochflüssigkeit abgießen, für Suppe verwerten.
**20 g Butter, etwas Muskat, Salz** und **weißen Pfeffer** über das Gemüse geben und zu Fleisch-, Geflügel- *oder* Fischgerichten reichen.
Sie können stattdessen auch **30 g Margarine** in einem zweiten Topf schmelzen und **2 ½ EL Mehl** darin anschwitzen. Das Gemüsewasser mit **Sahne** auf 400 ml auffüllen. Die Schwitze damit ablöschen. 2 Minuten unter Rühren kochen lassen. **40 g geriebenen Parmesan, Muskat, Salz** und **weißen Pfeffer** unter die Käsesoße geben. Über das warmgehaltene Fenchelgemüse gießen. Eventuell dann kurz überbacken.

## Brokkoli mit Quarksoße

**2 Packungen TK-Brokkoli (600 g)** auspacken. Das Gemüse auseinanderlösen. In der Küche kurz antauen lassen. Nach Packungsanweisung in wenig **Salzwasser** zugedeckt im Topf knapp garen *oder* im Mikrowellengerät. Dabei unbedingt Standzeiten einplanen und zwischendurch das Gemüse mindestens einmal wenden, damit es gleichmäßig gart. Das Gemüse abtropfen lassen. Leicht mit **Salz** und **Muskat** bestreut abkühlen lassen.
Für die *pikante Quarksoße* **250 g Speisequark (20 % Fett i.Tr.)** mit **125 ml saurer Sahne, 1 Päckchen TK-Schnittlauch (25 g), Salz** und **weißem Pfeffer** gut verschlagen. Auf das Gemüse geben. **2 hartgekochte Eier** in kleine Würfel schneiden und darüberstreuen. Mit Pellkartoffeln und rohem Schinken eine feine Mahlzeit.

## Grünkohl

**1 große Packung TK-Grünkohl (600 g)** kurz unter fließendes Wasser halten, damit sich die Verpackung leicht löst. Das Gemüse in einer Schüssel auftauen lassen. *Oder* die verschlossene Packung in eine Schüssel mit lauwarmem Wasser geben und etwas beschweren, damit das Gemüse rascher auftaut. Erst dann auspacken.
**40 g kleingewürfelter durchwachsener Speck** in **30 g Gänse-** *oder* **Schweineschmalz** in einem Topf mit dickem Boden auslassen. **1 kleingewürfelte große Zwiebel** darin hell dünsten. Das angetaute, aufgelockerte Gemüse dazugeben. Außerdem **200 ml Rinderbrühe (TK** *oder* **Würfel)** beifügen. Den Deckel auflegen. Bei mäßiger Hitze das Gemüse zunächst völlig auftauen. Dann 30–40 Minuten garen. Mit **1 Msp. Piment, Salz** und **frischgemahlenem schwarzen Pfeffer** abschmecken.
Grünkohl schmeckt besser, wenn eine **Räucherwurst** *oder* ein **Stück Kasseler** auf dem Gemüse erhitzt wird.

## Kokos-Eis mit Orangenfilets

**4 kleine Orangen** so dick schälen, daß die weiße Haut völlig entfernt und zusätzlich die äußere Haut des Fruchtfleisches abgeschnitten wird. Mit einem scharfen Messer mit kleiner Säge jeweils rechts und links von den Trennwänden bis kurz vor die Mitte einschneiden und die einzelnen Fruchtsegmente ohne Häute herauslösen. Die Orangenfilets auf 4 Teller arrangieren und in das Gefriergerät stellen.
20 Minuten später **TK-Kokos-Eis** aus dem Gefriergerät nehmen. Es muß vor dem Ausformen je nach Außentemperatur 5–10 Minuten in der Küche stehen. Mit einem Eisportionierer Bällchen formen. Nun die Teller aus dem Gefriergerät nehmen, jeweils 2 Eisbällchen zu den Orangenspalten geben.
**Kokos-** und **Schokoladenflocken** darüberstreuen.

## Schokoladen-Mint-Eis-Teller

**250 g gemischte blaue, grüne und rote Trauben** gründlich waschen. Mit Küchenkrepp trockentupfen. Längs halbieren und die Kerne herauslösen. **4 EL Zitronensaft** mit **125 ml Orangensaft, 2–4 EL Grappa** (Traubenschnaps) mit **feinen Streifen unbehandelter Orangenschale** und **2 EL echtem Vanillezucker** (s. S. 85) vermischen und über die Trauben gießen. Zugedeckt 15 Minuten im Kühlschrank marinieren.
Rechtzeitig **TK-Schokoladen-Mint-Eis** aus dem Gefriergerät nehmen. Es muß 5–10 Minuten bei Raumtemperatur stehen, damit es sich gut ausformen läßt. Mit dem Eisportionierer pro Person 2 Kugeln auf Dessertteller geben. Die Trauben mit der Marinade daneben arrangieren.
Chic mit **Borkenschokolade** und **gerösteten Mandelblättchen** dekorieren.

## Himbeer-Joghurt-Eis-Teller

**1 Packung TK-Himbeeren (250 g)** im Kühlschrank *oder* in der Küche tauen. Einige Beeren beiseite nehmen. Die restlichen Himbeeren mit **1 EL flüssigem Honig** mit dem Pürierstab des Elektroquirls zerkleinern. Durch ein Sieb drücken. In den Kühlschrank stellen.
**2 Pfirsiche (TK, Konserve** *oder* **Frischware)** eventuell schälen und ebenfalls mit **3 EL Zitronensaft** und **2–4 EL Amaretto (Mandellikör)** pürieren und kühlen.
Rechtzeitig **TK-Joghurt-Himbeer-Eis** aus dem Gefriergerät nehmen, damit es sich formen läßt. Wie ersichtlich, **Pfirsich-** und **Himbeermark** auf den Teller gießen. Mit einer Gabelspitze etwas vermischen, damit der Marmoreffekt entsteht. Für jeden Teller mit dem Eisportionierer 2 Eiskugeln formen. **1 Pfirsich** schälen, in schmale Spalten schneiden, danebenlegen.
Mit den restlichen **Himbeeren** und einigen **kleinen Zweigen Zitronenmelisse** garnieren.

## Rote Grütze

**1 Packung TK-Himbeeren (250 g)** und **1 Packung TK-Erdbeeren (250 g)** gefroren in eine Glasschüssel geben. Den Deckel auflegen und bei voller Wattzahl in 6–7 Minuten im Mikrowellengerät auftauen. Die Früchte etwas zerdrücken. **3 EL Zucker** und **1 Beutel Vanillinzucker** auf die Früchte streuen. **2 EL Speisestärke** in **4 EL Weißwein** anrühren, unter die Fruchtmischung geben. Den Deckel wieder auflegen und nochmals 5 Minuten bei voller Leistung erhitzen. Zwischendurch einmal umrühren. Dazu gibt es **Schlagsahne** *oder Vanillequarksoße*. Für die Vanillesoße kochen Sie **250 ml Milch, 1/4 aufgeschlitzte Vanilleschote** mit **1½ EL Zucker** und **1½ EL Speisestärke** auf. Den Topf von der Kochstelle nehmen und die Soße mit **1 Eigelb** legieren. Die Soße gelegentlich schlagen, damit sie keine Haut bekommt. Die Vanilleschote herausnehmen.
**125 g Quark** durchsieben und mit **1 EL Zucker** und der abgekühlten Soße verrühren.

## Chinesischer Obstsalat

**1 Dose Mandarin-Orangen (200 g)** und **1 Dose Lychees (300 g)** über Nacht in den Kühlschrank stellen, damit die Früchte sehr gut durchgekühlt werden.
**½ Packung TK-Erdbeeren (125 g)** – kleine Früchte – schonend in 4 Stunden im Kühlschrank auftauen lassen.
Die Früchte auf einem Sieb abtropfen lassen. In eine Schüssel geben und mit einer Mischung aus dem Saft von **2 Zitronen** sowie **1 Stamperl Grand Marnier (Orangenlikör)** übergießen. Sorgfältig mit den aufgetauten Erdbeeren in Portionsschälchen arrangieren.
**200 ml Sahne** fast steif schlagen. Mit dem **Mark von 1/4 Vanilleschote** und **1 EL Vanillezucker** (s. S. 85) endgültig steif schlagen. Auf den asiatischen Obstsalat verteilen.
**2 TL feingehackte Pistazien** darüberstreuen.

## Vanilleomeletts mit Kirschen

**1 Packung TK-Sauerkirschen (250 g)** auf einem Sieb auftauen lassen. Den abgetropften Saft mit **100 ml Cherry Heering (Kirschlikör), 2 EL Zucker,** dem **Mark von 1/4 Vanilleschote** und **1 TL Speisestärke** in einem kleinen Topf einmal aufkochen. Die Kirschen zufügen. Den Topf von der Kochstelle nehmen.
**2 Eier** mit **2 Eigelb, 2 EL Zucker, 3 EL Mehl** und **½ TL feingeriebener unbehandelter Zitronenschale** in ein hohes Gefäß geben. Mit den Schneebesen des Elektroquirls schlagen, bis eine schaumige Masse entsteht. Möglichst gleichzeitig in 4 kleinen Pfannen **je 15 g Butterschmalz** zergehen lassen. Den Omeletteteig auf die Pfannen verteilen und sofort einen Deckel auflegen. Bei mäßiger Hitze 3–4 Minuten auf dem Herd backen. Dann ohne Deckel für 1–2 Minuten in den heißen Backofen stellen. Die Omeletts auf Dessertteller geben, mit Kirschen füllen und übereinanderschlagen. Mit **Puderzucker** bestäuben.

## Brüsseler Beerentorte

Für den untersten *Boden* aus **je 60 g Weizenmehl Type 405** und **Weizenvollkornmehl Type 1050, 50 g Butter, 2 EL Zucker, 1 Ei** und **1 Pr. Salz** einen Mürbeteig kneten und in der Springform von 26 cm ∅ in 9 Minuten backen.
Für den daraufliegenden *Biskuitboden* **3 Eier** mit **4 EL Zucker, 1 Päckchen Vanillinzucker** und **60 g Weizenmehl Type 450** mit den Schneebesen des Elektroquirls schaumig schlagen. In einer zweiten Springform in 10 Minuten backen. Den ersten Boden mit **4 EL Erdbeerkonfitüre** bestreichen, den zweiten daraufsetzen.
Für den *Belag* **400 ml Weißwein** oder TK-Fruchtsaft mit **6 Blatt aufgelöster, eingeweichter weißer Gelatine** binden und mit **300 ml steif geschlagener Sahne** und **1 Packung TK-Beerenmischung (250 g)** vermischen. Erst die Creme und dann **1 Packung gefrorene TK-Beerenmischung (250 g)** auf den Boden geben. Mit Guß aus **250 ml Weißwein, 1 EL Zucker** und **3 Blatt weißer aufgelöster Gelatine** überziehen.

## Windbeutel mit Eis

**100 ml Wasser** mit **3 EL Öl** und **1 Pr. Salz** im Stieltopf aufkochen. Sowie die Mischung kocht, **60 g gesiebtes Weizenmehl Type 405** auf einmal hineinschütten. In 3 Minuten unter heftigem Rühren zu einem Kloß abbrennen. Den Topf von der Kochstelle nehmen. **2 große** *oder* **3 sehr kleine Eier** nach und nach darunterrühren. Auf einem mit Backpapier belegten Blech 5–8 Häufchen setzen. Im vorgeheizten Ofen bei 220° C in 20–25 Minuten Windbeutel backen. Währenddessen den Backofen nicht öffnen. Die Windbeutel auskühlen lassen.
Aufschneiden und jeweils mit einer Kugel **TK-Vanille-Eis** und **TK-Pistazieneis** und **Himbeeren** füllen. Die oberen Hälften aufsetzen. Mit **Schokoladenguß** *oder* mit **Puderzucker** und **Schlagsahne** dekorieren.
Überzählige Windbeutel können – in Gefrierbeuteln verpackt – sehr gut eingefroren werden.

## Süße Windmühlen

**1 Packung TK-Blätterteig (300 g)** bei Küchentemperatur in 20 Minuten antauen lassen. Die Teigplatten auseinanderlegen und zwischen zwei Lagen Backpapier zu Rechtecken von 10x20 cm ausrollen. Jedes Rechteck in Quadrate teilen. Auf die Mitte eines jeden Quadrats **je 1 Aprikosenhälfte (TK, Konserve** *oder* **frisch)** legen.
Den Teig von den vier Ecken diagonal zur Mitte hin bis zu den Aprikosen einschneiden. Jede zweite Teigspitze zur Mitte falten, so daß Windmühlen entstehen. In der Mitte gut zusammendrücken. Mit **verquirltem Eigelb** etwas festkleben. Die Windmühlen außen mit Eigelb bepinseln, dabei darauf achten, daß die Ränder nicht benetzt werden. Auf einem mit Backpapier belegten Blech etwa 20 Minuten kühlen. Dann auf der mittleren Schiene in ca. 18 Minuten bei 225° C backen.

## Schweinsöhrchen

**1 Packung TK-Blätterteig (300 g)** bei Küchentemperatur in 20 Minuten antauen lassen. Die Scheiben aufeinanderlegen, dabei **4 TL Zucker** dazwischen streuen. Die Arbeitsfläche mit **3 EL Zukker** bestreuen. Den Teig zu einem 20x30 cm großen Rechteck ausrollen. An den Längsseiten zur Mitte hin von beiden Seiten locker einschlagen. Wieder **2 EL Zucker** daraufstreuen und zusammenklappen. Diese Rolle 20 Minuten kühlen, dann mit einem scharfen Messer in 1 cm breite Streifen schneiden.
Mit ausreichendem Zwischenraum auf ein mit Backpapier belegtes Blech legen. 20 Minuten kühlen. Ca. 6 Minuten bei 225° C backen. Dann die Schweinsöhrchen einmal wenden, damit der Zucker beidseitig karamelisiert. Insgesamt etwa 15 Minuten braun backen.

## Pikantes Blätterteiggebäck

**1 Packung TK-Blätterteig (300 g)** in 20 Minuten bei Zimmertemperatur antauen lassen. Jede zweite Teigplatte mit **verschlagenem Eigelb** bepinseln. Mit **40 g geriebenem Parmesan** bestreuen. Die restlichen Teigplatten darauflegen. Mit dem Rollholz leicht andrücken. Die Oberfläche ebenfalls mit Eigelb bepinseln. Mit **Mohn, Kümmel** *oder* **Sesamsamen** bestreuen. Den Belag mit dem Rollholz leicht andrücken. Die Teigplatten auf ein mit Backpapier belegtes Blech legen. Mit einem scharfen Messer oder dem Teigrädchen beliebige Stangen oder Quadrate ausschneiden. Blätterteig geht auf, verläuft aber nicht zur Seite.
20 Minuten kühlen. Erst dann bei 225° C in 12–15 Minuten nicht zu dunkel backen, weil es dann leicht bitter schmeckt.

## Blätterteighörnchen

**300 g Quark** über Nacht auf einem Sieb mit darunter gestellter Schüssel trocknen, dann **250 g trockenen Quark** abwiegen.
Mit **250 g Weizenmehl Type 405, 250 g sehr kalter Margarine** und **½ gestrichenem TL Salz** auf die Arbeitsplatte geben und so schnell wie möglich zusammenkneten. Den Teig in einem Gefrierbeutel 1 Stunde im Kühlschrank kühlen. Dann zwischen Backpapier zum langen Rechteck ausrollen, dreifach zusammenlegen; wieder kühlen und ausrollen. Nach dem dritten Kühlen ausrollen. Der Teig ist gefrierfähig. *Oder* **1 Packung TK-Blätterteig (300 g)** nehmen. Für die *Füllung* **150 g kleingewürfelten gekochten Schinken** *oder* **200 g Frischkäse mit Kräutern, 2 EL Ananaswürfeln, Salz** und **Pfeffer** mischen. Die Teigstreifen in spitze Dreiecke schneiden. Die Füllung auf die der Spitze entgegengesetzte Seite geben. Zu Hörnchen aufrollen. Leicht gebogen und mit Eigelb bepinselt 20 Minuten kühlen. Bei 225° C in 15 Minuten hell backen.

# Sachregister

## Register der Rezepte